員採用試験によく出る漢字・熟語5日間攻略問題集

シグマ・ライセンス・スクール浜松校長
鈴木　俊士　監修

本書の特徴と使い方

特徴

**教員採用試験突破を目指す人に
「読み」「書き」必須の漢字を集めました！**

　本書は、教員採用試験合格を目指す学生の皆さんが、最低でも「読み」「書き」できるようにしておきたい漢字の知識を短期間で身につけるための問題集です。
　板書、音読など、子どもたちへの教育の影響を考えると、教員として漢検2級レベルの漢字能力を備えておく必要があります。しかも、正しい書き順で丁寧に書くことも求められます。

　漢字の習得は反復練習がいちばん効果的です。本書では「短期間で」「飽きないで」勉強できる工夫を凝らしています。
大きく分けて「読み」と「書き」の問題があります。

「読み」の問題……　赤シートで答えを隠しながら解きましょう。わからなかったら、すぐ答えを見てもかまいません。できなかった問題にはチェックを入れておき、あとで復習しましょう。

「書き」の問題……　ノートを1冊用意し、答えをそこに書くようにします。間違った漢字、あやふやな漢字は「手で覚える」ことが肝心。何度も書き取りを行いましょう。

　間違えた問題は、その日のうちに復習をしましょう。漢字などの暗記では、4時間もするとその半分以上は忘れてしまうといわれています。しかし、忘れた後にもう一度覚え直すと、再び4時間経過した後でも覚えていられる漢字の数は増えます。また、時間を空けて何度か復習をしてみてください。記憶の定着率がさらにアップします。

使い方

赤シートを使ったり、ノートに答えを書いたり、また読みの問題では答えを声に出すなど、五感をフルに使って解くと記憶に残りやすくなります。

❶ 赤シートを使って素早く解く

赤シートで答えを隠しながら、素早く解いていきます。間違えた問題が多かったら、もう一度最初から解き直します。わからない問題はすぐに解答を見てもかまいません。ノートに漢字を書き写す、何度も読み上げるなどして暗記してください。

❷ 制限時間の中で高得点を目指そう

各項目に設けた制限時間内で解くようにしましょう。暗記にだらだらと時間をかけるのは効率的ではありません。高得点がとれなかったら、その日のうちに、また翌日にもう一度解いてみましょう。

❸ チェックボックスを使って反復練習

解答できた問題にはチェックを入れ、できなかった問題はその日中に、また翌日以降にもう一度解いてみましょう。漢字の暗記は繰り返しが何よりも大切です。

＊本書に掲載されている語句の読み、字体、送り仮名などは一般的なものを示し、必要に応じて（　）書きで別解答を併記しています。本書に掲載されているもの以外の表記が容認されている場合もあります。

もくじ

教員採用試験によく出る
漢字・熟語5日間攻略問題集

1日目 社会人として知っておくべき漢字 〔一般常識レベル〕……… 5

2日目 難読・難書の漢字 〔一般常識レベル〕……… 27

3日目 地理・歴史・公民・芸術・理数科目の漢字 〔教職教養レベル〕……… 49

4日目 教育史・教育心理・教育原理の漢字 〔教職教養レベル〕……… 81

5日目 教育に関する法律の漢字 〔教職教養レベル〕……… 109

教員採用試験に出る 重要用語集 ……………………… 124

◎コラム
①社会常識用語……………………………………… 26
②政治経済用語……………………………………… 48
③敬語の使い方……………………………………… 80
④手紙の書き方……………………………………… 108

1日目

社会人として知っておくべき漢字

[一般常識レベル]

読み 教員として知っておきたい 一般常識の漢字

下線部の漢字の読みをひらがなで書きなさい。

	問題		解答
1	スローガンを**掲げる**。	1	かかげる
2	**厳粛**な雰囲気の式典。	2	げんしゅく
3	感情を**抑制**する。	3	よくせい
4	**慢性**の呼吸器疾患。	4	まんせい
5	**難癖**をつける。	5	なんくせ
6	**速やか**に対応する。	6	すみやか
7	**甚**だ残念な結果だ。	7	はなはだ
8	**学齢簿**を作成する。	8	がくれいぼ
9	大役を**仰**せつかる。	9	おお
10	審議会が**答申**する。	10	とうしん
11	**一貫**した態度をとる。	11	いっかん
12	主役に**抜擢**される。	12	ばってき
13	電話口で**声色**を使う。	13	こわいろ
14	彼はクラスメイトの**憧れ**の的だ。	14	あこがれ
15	設備を**損壊**する行為。	15	そんかい

目標時間	合格点
5分	28点

レベルチェック！
- 28問以上　合格間違いなし！
- 25〜27問　ボーダーライン
- 14〜24問　全問解き直し！
- 13問以下　合格にはほど遠い…

1日目

教員として知っておきたい 一般常識の漢字

	問題		解答
☑	16 事務を**分掌**する。	16	ぶんしょう
☑	17 **繊細**な神経の持ち主。	17	せんさい
☑	18 人格を**磨く**。	18	みがく
☑	19 **疑惑**の念を抱く。	19	ぎわく
☑	20 貸し借りを**相殺**する。	20	そうさい
☑	21 二人は**犬猿**の仲だ。	21	けんえん
☑	22 彼女は**頭脳明晰**だ。	22	ずのうめいせき
☑	23 名文を**暗唱**する。	23	あんしょう
☑	24 **堪忍袋**の緒が切れる。	24	かんにんぶくろ
☑	25 後輩を**叱咤**する。	25	しった
☑	26 性格を**悉知**している。	26	しっち
☑	27 経済の**破綻**が心配される。	27	はたん
☑	28 博物館で**埴輪**を見た。	28	はにわ
☑	29 胃が**痙攣**を起こす。	29	けいれん
☑	30 **座右の銘**にする。	30	ざゆうのめい

7

教員として知っておきたい一般常識の漢字

下線部のひらがなを漢字で書きなさい。

- 1 避難**くんれん**に参加する。
- 2 委員に**すいせん**される。
- 3 **げんこう**用紙に作文を書く。
- 4 美術館で名画を**かんしょう**する。
- 5 彼は最近**じょうちょ**が不安定だ。
- 6 **ゆいしょ**ある神社。
- 7 彼女は手先がとても**きよう**だ。
- 8 **ばくぜん**とした不安を感じる。
- 9 参考**ぶんけん**を集める。
- 10 発表会で**きんちょう**する。
- 11 歯の**ちりょう**が完了する。
- 12 **きおくりょく**には自信がある。
- 13 丁寧に**そうじ**をする。
- 14 **ほこり**が舞い上がる。
- 15 **ぎゃくたいこうい**を通報する。

解答

1. 訓練
2. 推薦
3. 原稿
4. 鑑賞
5. 情緒
6. 由緒
7. 器用
8. 漠然
9. 文献
10. 緊張
11. 治療
12. 記憶力
13. 掃除
14. 埃
15. 虐待行為

1日目

目標時間 10分　**合格点** 24点

レベルチェック！
- 24問以上　合格間違いなし！
- 19〜23問　ボーダーライン
- 8〜18問　全問解き直し！
- 7問以下　合格にはほど遠い…

教員として知っておきたい　一般常識の漢字

	問題		解答
☐	16　**びねつ**が続く。	16	微熱
☐	17　インフルエンザに**かんせん**する。	17	感染
☐	18　**おかん**が走る。	18	悪寒
☐	19　早起きの**くせ**をつける。	19	癖
☐	20　細菌を**ばいよう**する。	20	培養
☐	21　テスト**はんい**を発表する。	21	範囲
☐	22　**ふきげん**な顔をする。	22	不機嫌
☐	23　**せんざいてき**な需要を探る。	23	潜在的
☐	24　クラス写真を**さつえい**する。	24	撮影
☐	25　**とうめい**なビニール傘を買う。	25	透明
☐	26　お湯が**ふっとう**する。	26	沸騰
☐	27　**しょくひんてんかぶつ**の表示を見る。	27	食品添加物
☐	28　動かぬ**しょうこ**がある。	28	証拠
☐	29　**ばっぽんてき**な改革が行われる。	29	抜本的
☐	30　**きょうどう**で作業する。	30	共同（協同、協働）

9

意味を覚えておくべき 四字熟語/ことわざなど

次の**四字熟語の□の部分**に当てはまる**漢字**を書き、その**意味**を❷～❶の中から選びなさい。

- 1　難攻□落
- 2　絶□絶命
- 3　異□同音
- 4　五里□中
- 5　不□不離
- 6　美□麗句
- 7　□心伝心
- 8　大言壮□
- 9　一蓮□生
- 10　意味□長
- 11　臥□嘗胆
- 12　心□一転

❷ できそうもないことをいばって大げさに言うこと。
❸ 霧の中で方向を見失うように、迷って方針が立たないこと。
❹ うわべだけを美しく飾り立てた言葉。
❺ たきぎの上に寝て苦い胆をなめるような苦労を重ね、成功の機会を待つこと。
❻ 攻めることが難しく、なかなか陥落しないこと。
❼ 逃れようのない困難な状況であること。
❽ 奥深い意味が含まれていること。
❾ 口に出して言わなくても心が通じ合うこと。
❿ 心の持ち方を一新して気持ちを切り替えること。
⓫ 極楽で一つの蓮に乗り合うように行動や運命を共にすること。
⓬ 付かず離れずの関係を保つこと。
⓭ 多くの人が口を揃えて同じことを言うこと。

解答

1 不 ❺	2 体 ❻	3 口 ❶	4 霧 ❷
5 即 ❿	6 辞 ❸	7 以 ❽	8 語 ❷
9 托 ⓫	10 深 ❼	11 薪 ❹	12 機 ❾

目標時間	合格点
10分	23点

レベルチェック！
- 23問以上 → 合格間違いなし！
- 18〜22問 → ボーダーライン
- 7〜17問 → 全問解き直し！
- 6問以下 → 合格にはほど遠い…

1日目

意味を覚えておくべき **四字熟語／ことわざ** など

文中に間違った漢字が入っています。正しい漢字を書きなさい。

1. お神酒を備える。
2. 友人から阻害されて傷つく。
3. 絵の具を水で解く。
4. いじめっこを凝らしめる。
5. 戸を絞める。
6. 新しい職業に着く。
7. 思わぬ事故に合う。
8. 学校に授業料を収める。

解答
1. 備える→供える（そな）
2. 阻害→疎外（そがい）
3. 解く→溶く（と）
4. 凝らし→懲らし（こ）
5. 絞める→閉める（し）
6. 着く→就く（つ）
7. 合う→遭う（あ）
8. 収める→納める（おさ）

次のことわざの□の部分に当てはまる漢字を書きなさい。

1. 前もって準備しておくこと ➡ 転ばぬ先の□
2. 中途半端で役に立たないこと ➡ □に短したすきに長し
3. 自分でやってみることが大切だということ ➡ 習うより□れよ
4. どんな名人も失敗することがあること ➡ 弘法も筆の□り
5. 焦らず時機を待つのがよいということ ➡ □報は寝て待て
6. 実際にやってみると案外たやすいという意味 ➡ 案ずるより□むが易し
7. 相手のなすがままになること ➡ まな板の上の□
8. 知らないほうがよいこともあるということ ➡ 知らぬが□

解答
1	2	3	4	5	6	7	8
杖	帯	慣	誤	果	産	鯉	仏

読み 一般常識の漢字

教員として知っておきたい

下線部の漢字の読みをひらがなで書きなさい。

1 **欠伸**を我慢する。
2 仲間を**排斥**する。
3 健康**寿命**を延ばすことが大切だ。
4 記憶を**遡る**。
5 **強硬**な態度をとる。
6 汗を**拭う**。
7 情報が**氾濫**する。
8 **市井**の人々の声に耳を傾ける。
9 その話には**矛盾**を感じる。
10 彼のわがままに**辟易**する。
11 なんとか**窮地**から脱した。
12 **苦渋**の決断をした。
13 昆布から**出汁**を取る。
14 顔が**火照る**。
15 因習を**払拭**する。

解答

1 あくび
2 はいせき
3 じゅみょう
4 さかのぼる
5 きょうこう
6 ぬぐう
7 はんらん
8 しせい
9 むじゅん
10 へきえき
11 きゅうち
12 くじゅう
13 だし
14 ほてる
15 ふっしょく

レベルチェック！
28問以上　合格間違いなし！
25〜27問　ボーダーライン
14〜24問　全問解き直し！
13問以下　合格にはほど遠い…

目標時間 **5**分　合格点 **28**点

1日目

教員として知っておきたい **一般常識の漢字**

		解答	
☐ 16	**頻繁**に問題が起こる。	16	ひんぱん
☐ 17	**渾身**の力を振り絞って戦った。	17	こんしん
☐ 18	**虫唾**が走るほど嫌いだ。	18	むしず
☐ 19	風邪が**流行**る。	19	はやる
☐ 20	彼は**呑気**な性分だ。	20	のんき
☐ 21	友人に**嫉妬**する。	21	しっと
☐ 22	素晴らしい演技に拍手**喝采**だった。	22	かっさい
☐ 23	**贅沢**な暮らしぶり。	23	ぜいたく
☐ 24	**均衡**が崩れる。	24	きんこう
☐ 25	夢が**叶**う。	25	かなう
☐ 26	すぐに**癇癪**を起こす。	26	かんしゃく
☐ 27	二つの勢力が**拮抗**する。	27	きっこう
☐ 28	**迅速**に対応する。	28	じんそく
☐ 29	**団塊**の世代が引退する。	29	だんかい
☐ 30	**紫外線**を予防する。	30	しがいせん

13

教員として知っておきたい 一般常識の漢字

書き

下線部のひらがなを漢字で書きなさい。
（一部送り仮名をつけるものがあります）

	問題		解答
1	教室に**かしつき**を置く。	1	加湿器
2	**かんぺき**な仕事ぶり。	2	完璧
3	新入生を**むかえる**。	3	迎える
4	**かがみ**を見て身だしなみを整える。	4	鏡
5	彼は**きちょうめん**な性格だ。	5	几帳面
6	雨に**ぬれる**。	6	濡れる
7	**ふしんしゃ**情報に注意する。	7	不審者
8	人の失敗を**せめる**。	8	責める
9	手続きが**はんざつ**だ。	9	煩雑
10	給食の**こんだて**をチェックする。	10	献立
11	今は**がまん**の時だ。	11	我慢
12	**こうおつ**付け難い。	12	甲乙
13	米を**しゅうかく**する。	13	収穫
14	室内が**かんそう**する。	14	乾燥
15	コウノトリは絶滅**きぐ**種に指定されている。	15	危惧

1日目 教員として知っておきたい 一般常識の漢字

目標時間 10分　**合格点** 24点

レベルチェック！
- 24問以上 → 合格間違いなし！
- 19〜23問 → ボーダーライン
- 8〜18問 → 全問解き直し！
- 7問以下 → 合格にはほど遠い…

	問題		解答
16	責任を**てんか**する。	16	転嫁
17	心の**きんせん**に触れる。	17	琴線
18	記憶を**そうしつ**する。	18	喪失
19	友達の**ぐち**を聞く。	19	愚痴
20	**しっそけんやく**を心がける。	20	質素倹約
21	朝顔を**さいばい**する。	21	栽培
22	体操服を**ぬぐ**。	22	脱ぐ
23	**だみん**をむさぼる。	23	惰眠
24	事情を**こうりょ**する。	24	考慮
25	大臣が**こうてつ**される。	25	更迭
26	道路の**はいすいこう**が詰まる。	26	排水溝
27	**こうぎ**を結んだ。	27	交誼
28	**げきやく**は取り扱いに注意が必要だ。	28	劇薬
29	生徒の現状を**はあく**する。	29	把握
30	連絡があるまで自宅で**たいき**する。	30	待機

教員として書けるようになっておきたい 四字熟語/対義語/類義語

次の**四字熟語の□の部分**に当てはまる**漢字**を書き、その**意味**を ⓐ～ⓛ の中から選びなさい。

1. 厚□無恥
2. 四面楚□
3. 自暴自□
4. 一触□発
5. 自□自賛
6. 自□自得
7. 一□両得
8. 生□流転
9. □然自若
10. 一□帯水
11. □実剛健
12. 言語□断

ⓐ 落ち着いていて物事に動じないさま。
ⓑ 厚かましくて恥知らずなこと。
ⓒ 言葉に言い表せないほどひどいこと。
ⓓ 自分で自分のことを褒めること。
ⓔ 自分でした行いの報いを自分自身で受けること。
ⓕ 周囲は敵ばかりで、完全に孤立していること。
ⓖ すべてのものは絶えず生まれ変わり変化していくこと。
ⓗ ちょっと触っただけで爆発しそうなほど、緊迫していること。
ⓘ 一つの行いで二つの利益を得ること。
ⓙ 自分を粗末に扱い、やけくそになること。
ⓚ 両者の隔たりの間隔が極めて狭いことのたとえ。
ⓛ 飾り気がなくまじめなこと。

解答

1 顔 ⓑ	2 歌 ⓕ	3 棄 ⓙ	4 即 ⓗ
5 画 ⓓ	6 業 ⓔ	7 挙 ⓘ	8 生 ⓖ
9 泰 ⓐ	10 衣 ⓚ	11 質 ⓛ	12 道 ⓒ

1日目

目標時間 10分
合格点 23点

レベルチェック！
- 23問以上　合格間違いなし！
- 18〜22問　ボーダーライン
- 7〜17問　全問解き直し！
- 6問以下　合格にはほど遠い…

( )内のひらがなを漢字にして□に入れ、**対義語・類義語**を作りなさい。( )内のひらがなは一度だけ使えます。

対義語

- ☑ 1 明瞭 ── □昧
- ☑ 2 尊敬 ── 軽□
- ☑ 3 濃厚 ── □白
- ☑ 4 陳腐 ── □新
- ☑ 5 大胆 ── □病
- ☑ 6 鎮静 ── 興□
- ☑ 7 削除 ── □加
- ☑ 8 頑固 ── □軟

（おく・べつ・ふん・ざん・あい・てん・じゅう・たん）

解答
1 曖昧　2 軽蔑　3 淡白（泊）　4 斬新
5 臆病　6 興奮　7 添加　8 柔軟

類義語

- ☑ 1 我慢 ── 辛□
- ☑ 2 切迫 ── □急
- ☑ 3 不可避 ── 必□
- ☑ 4 普通 ── □常
- ☑ 5 心配 ── □慮
- ☑ 6 苦悩 ── 難□
- ☑ 7 計算 ── □定
- ☑ 8 将来 ── 前□

（じん・ぼう・と・ぎ・かん・ゆう・か・し）

解答
1 辛抱　2 火急　3 必至　4 尋常　5 憂慮　6 難儀　7 勘定　8 前途

教員として書けるようになっておきたい　四字熟語／対義語／類義語

17

教員として知っておきたい 一般常識の漢字（読み）

下線部の漢字の読みをひらがなで書きなさい。

1 **全幅**の信頼を寄せる。
2 **語彙**が豊富だ。
3 学業**成就**を祈る。
4 雑誌の論文を**抄録**する。
5 物価が**高騰**する。
6 **窮余**の一策を講じる。
7 **薄暮**の空を見上げる。
8 **繁忙**を極める。
9 **欺瞞**に満ちた言動だ。
10 **傲慢**な態度が許せない。
11 **厖大**な損害を被った。
12 悪いうわさが**流布**している。
13 **些細**なことも見逃さない。
14 **精緻**を極めた描写だ。
15 **渋滞**に巻き込まれる。

解答

1 ぜんぷく
2 ごい
3 じょうじゅ
4 しょうろく
5 こうとう
6 きゅうよ
7 はくぼ
8 はんぼう
9 ぎまん
10 ごうまん
11 ぼうだい
12 るふ
13 ささい
14 せいち
15 じゅうたい

1日目 教員として知っておきたい一般常識の漢字

目標時間 5分　**合格点** 28点

レベルチェック！
- 28問以上　合格間違いなし！
- 25〜27問　ボーダーライン
- 14〜24問　全問解き直し！
- 13問以下　合格にはほど遠い…

	問題		解答
☐ 16	意識が**朦朧**とする。	16	もうろう
☐ 17	罪の意識に**苛まれる**。	17	さいなまれる
☐ 18	血管の**収斂**が起こる。	18	しゅうれん
☐ 19	青春を**謳歌**しよう。	19	おうか
☐ 20	**未曽有**の大惨事。	20	みぞう
☐ 21	住職は**庫裏**で生活している。	21	くり
☐ 22	彼は酔うと**饒舌**になる。	22	じょうぜつ
☐ 23	**懐**が潤う。	23	ふところ
☐ 24	友人代表で**祝言**を述べる。	24	しゅうげん
☐ 25	**沃土**が豊かな収穫をもたらす。	25	よくど
☐ 26	**初詣**に出かける。	26	はつもうで
☐ 27	**端役**にありつく。	27	はやく
☐ 28	**魚河岸**でマグロの競りを見学する。	28	うおがし
☐ 29	**手際**よく料理する。	29	てぎわ
☐ 30	機会を**窺う**。	30	うかがう

19

教員として知っておきたい 一般常識の漢字

書き 月 日

下線部のひらがなを漢字で書きなさい。
（一部送り仮名をつけるものがあります）

- 1 **しゅんじ**に判断する。
- 2 時代の**へんせん**を知る。
- 3 学校と社会との**つながり**を強める。
- 4 台風で**りんじ**休校になる。
- 5 ピアノを**えんそう**する。
- 6 子どもの**きはん**意識の低下が問題だ。
- 7 **しゅうしんじかん**を早める。
- 8 実技試験が**めんじょ**される。
- 9 犯人が**たいほ**された。
- 10 生きるか死ぬかの**せとぎわ**だ。
- 11 背景を**ていねい**に説明する。
- 12 **ふそん**な態度が嫌われる。
- 13 運動会で**つな**引きに参加する。
- 14 **しろうと**とは思えない腕前。
- 15 時間の都合で一部**かつあい**した。

解答

1 瞬時
2 変遷
3 繋がり
4 臨時
5 演奏
6 規範
7 就寝時間
8 免除
9 逮捕
10 瀬戸際
11 丁寧
12 不遜
13 綱
14 素人
15 割愛

目標時間	合格点
10分	24点

レベルチェック！
- 24問以上　合格間違いなし！
- 19〜23問　ボーダーライン
- 8〜18問　全問解き直し！
- 7問以下　合格にはほど遠い…

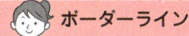

1日目

教員として知っておきたい 一般常識の漢字

	問題		解答
☐ 16	三大**しっぺい**に備えて保険に入る。	16	疾病
☐ 17	彼女はとても**にんたい**強い。	17	忍耐
☐ 18	人間関係が**きはくか**している。	18	希（稀）薄化
☐ 19	**どたんば**で逆転する。	19	土壇場
☐ 20	出汁の**うまみ**を利用する。	20	旨み
☐ 21	理想体重を**いじ**する。	21	維持
☐ 22	彼は芸術に**ぞうけい**が深い。	22	造詣
☐ 23	**せいしんせいい**話をする。	23	誠心誠意
☐ 24	**だちん**を渡して手伝いを頼む。	24	駄賃
☐ 25	最後に**いっし**報いる。	25	一矢
☐ 26	他人と**ひかく**しない生き方をする。	26	比較
☐ 27	**みけん**にしわを寄せる。	27	眉間
☐ 28	**かぜ**をひいている。	28	風邪
☐ 29	一人で**えつ**に入っている。	29	悦
☐ 30	歯の**きょうせい**のため歯科医院へ通う。	30	矯正

21

教員として知っておきたい 一般常識の漢字

下線部のひらがなを漢字と送りがな（ひらがな）で書きなさい。

	問題	解答
1	彼は**ひいでた**才能の持ち主だ。	秀でた
2	試合に負けて**くやしい**思いをする。	悔しい
3	**ことなる**価値観に影響を受ける。	異なる
4	**うやうやしく**頭を下げる。	恭しく
5	**わずらわしい**手続きが完了する。	煩わしい
6	風に**さからって**走る。	逆らって
7	**たのもしい**助っ人が現れる。	頼もしい
8	**まぎらわしい**表現を避ける。	紛らわしい
9	**たぐい**まれなる才能を持つ。	類い
10	平和な生活を**おびやかされる**。	脅かされる
11	**あわただしい**毎日を送る。	慌しい（慌ただしい）
12	行くか**もしくは**やめるか悩む。	若しくは
13	猫が飼い主に**なつく**。	懐く
14	蔦の**からまる**家。	絡まる
15	偉大な王が国を**すべる**。	統べる

22

目標時間	合格点	レベルチェック！
10分	**24**点	24問以上　合格間違いなし！ 19〜23問　ボーダーライン 8〜18問　全問解き直し！ 7問以下　合格にはほど遠い…

1日目

教員として知っておきたい 一般常識の漢字

	問題		解答
☐	16　**かしこい**子どもを育てる。	16	賢い
☐	17　雲が空を**ただよう**。	17	漂う
☐	18　貴重な意見を**うけたまわる**。	18	承る
☐	19　**めずらしい**貝を見つけた。	19	珍しい
☐	20　敵を**あなどる**と痛い目にあう。	20	侮る
☐	21　**もっぱら**勉強に打ち込む。	21	専ら
☐	22　非常識も**はなはだしい**。	22	甚だしい
☐	23　王国が**ほろびる**。	23	滅びる
☐	24　名前を聞くのも**うとましい**。	24	疎ましい
☐	25　大事故を**まぬか（が）れた**。	25	免れた
☐	26　**いこい**のひとときを過ごす。	26	憩い
☐	27　善戦むなしく**おしくも**敗れた。	27	惜しくも
☐	28　**いさぎよく**負けを認める。	28	潔く
☐	29　判決が**ひるがえる**。	29	翻る
☐	30　**いつわり**のない気持ちを伝える。	30	偽り

23

意味を覚えておくべき 四字熟語/ことわざなど

次の**四字熟語**の□の部分に当てはまる**漢字**を書き、その**意味**を ⓐ～ⓛ の中から選びなさい。

- 1　天衣無□
- 2　傍(岡)目□目
- 3　□三暮四
- 4　天□無用
- 5　付和□同
- 6　□田引水
- 7　汗□充棟
- 8　水□之交
- 9　五臓六□
- 10　虚心□懐
- 11　同工異□
- 12　門前□羅

ⓐ 蔵書の数が非常に多いこと。
ⓑ 上下を逆にしてはいけないということ。
ⓒ しっかりした自分の考えがなく、他人の言動にすぐ同調すること。
ⓓ 目先の違いにこだわり、結果は同じであることに気づかないこと。
ⓔ ごく親しい間柄のこと。
ⓕ 人間の内臓全体のこと。
ⓖ 訪問者もなくひっそりとしていること。
ⓗ 天真爛漫で飾り気のない人柄であること。
ⓘ 何のわだかまりもなく気持ちがおだやかな様子。
ⓙ 同じ作り方でも味わいが違うこと。見かけは違っても中身は同じこと。
ⓚ 他人のことは考えず自分に都合のよい言動をすること。
ⓛ 当事者より第三者のほうが物事を正確に判断できること。

解答

1	縫ⓗ	2	八ⓛ	3	朝ⓓ	4	地ⓑ
5	雷ⓒ	6	我ⓚ	7	牛ⓐ	8	魚ⓔ
9	腑ⓕ	10	坦ⓘ	11	曲ⓙ	12	雀ⓖ

1日目

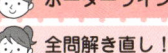

目標時間 10分　**合格点** 23点

レベルチェック！
- 23問以上　合格間違いなし！
- 18〜22問　ボーダーライン
- 7〜17問　全問解き直し！
- 6問以下　合格にはほど遠い…

意味を覚えておくべき **四字熟語／ことわざ** など

文中に**間違った漢字**が入っています。**正しい漢字**を書きなさい。

1. 正当な血統を受け継ぐ。
2. 未熟で精巧な文章。
3. 女性の感は鋭い。
4. 功名な手口を使う。
5. 彼とは機知の間柄だ。
6. 異様を誇る高層ビル。
7. 彼は劇団を主催している。
8. 後生に名を残す偉業。

解答
1. 正当→正統（せいとう）
2. 精巧→生硬（せいこう）
3. 感→勘（かん）
4. 功名→巧妙（こうみょう）
5. 機知→既知（きち）
6. 異様→威容（いよう）
7. 主催→主宰（しゅさい）
8. 後生→後世（こうせい）

次の**ことわざの□の部分**に当てはまる**漢字**を書きなさい。

1. 将来のことは予測できないということ ➡ 来年のことを言うと□が笑う
2. 他人のために自分を犠牲にして尽くすこと ➡ □馬の労を取る
3. つまらないものでも信じる人には尊く思えること ➡ □の頭も信心から
4. みんなで一緒に考えればよい案が出ること ➡ 三人寄れば□□の知恵
5. 苦労しないで利益を得ること ➡ 濡れ手で□
6. 外面を飾れば立派に見えること ➡ □□にも衣装
7. 他人のことで忙しく自分のことまで手が回らないこと ➡ □□の白袴
8. 自分には影響がないこと ➡ □□の火事

解答
1. 鬼　2. 犬　3. 鰯　4. 文殊　5. 粟　6. 馬子　7. 紺屋　8. 対岸

コラム ❶ 社会常識用語

教員として覚えておきたい用語をまとめました。**ひらがなを漢字**に直しなさい。

☐ 1 たいしゃくたいしょうひょう	事業年度末の企業の ☐ 2 ざいむじょうたいを表したもの。
☐ 3 そんえきけいさんしょ	事業期間内の企業の費用と収益をまとめたもの。
☐ 4 かぶぬしそうかい	株式会社の最高意思決定機関のこと。
☐ 5 ていかん	会社の名称や事業目的など、会社の根本規則を定めたもの。
☐ 6 じんじこうか	労働者の業績、勤務態度、能力を組織が定めた基準で評価すること。
☐ 7 ふくりこうせい	企業が労働者に対して提供する生活の充実や健康管理などのための制度。☐ 8 きゅうかや住宅補助など。
☐ 9 るいしんかぜい	所得が高くなるほど税率も高くなる ☐ 10 そぜい制度。
☐ 11 げんせんちょうしゅう	給与などから支払者があらかじめ一定の税を**ちょうしゅう**すること。
☐ 12 かしょぶんしょとく	収入から所得税、住民税、社会保険料を引いた手取り所得のこと。
☐ 13 さいけん・さいむ	**さいけん**：金銭などを貸した人が返済を請求できる権利。　**さいむ**：金銭などを借りた人の返済の義務のこと。
☐ 14 とうしん・しもん	**とうしん**：上位者・上位機関から尋ねられたことに対する答え　**しもん**：上位者・上位機関が下位者・下位機関に尋ねること。
☐ 15 りんぎ	作成した案を上司や関係者に伝えて ☐ 16 けっさいを受けること。

解答
1 貸借対照表　2 財務状態　3 損益計算書　4 株主総会
5 定款　6 人事考課　7 福利厚生　8 休暇
9 累進課税　10 租税　11 源泉徴収　12 可処分所得
13 債権・債務　14 答申・諮問　15 稟議　16 決裁

2日目

難読・難書の漢字

[一般常識レベル]

難読熟語

読めれば「さすが！」と言われる

下線部の漢字の読みをひらがなで書きなさい。

- 1 **飛躍的**に成長する。
- 2 **円借款**を供与する。
- 3 おだやかな**小春日和**だ。
- 4 **処方箋**をもらう。
- 5 **科白**を忘れる。
- 6 **紫陽花**の花が好きだ。
- 7 **蝶番**を取り付ける。
- 8 **不世出**の英雄。
- 9 こんなことは日常**茶飯事**だ。
- 10 **居丈高**に命令する。
- 11 **形而上学**的な問題。
- 12 **月極**駐車場を借りる。
- 13 **棟上げ**式を盛大に行う。
- 14 人気商品なので**在庫僅少**だ。
- 15 保険の**約款**を読む。

解答

1. ひやくてき
2. えんしゃっかん
3. こはるびより
4. しょほうせん
5. せりふ
6. あじさい
7. ちょうつがい
8. ふせいしゅつ
9. さはんじ
10. いたけだか
11. けいじじょうがく
12. つきぎめ
13. むねあげ
14. ざいこきんしょう
15. やっかん

2日目

読めれば「さすが！」と言われる **難読熟語**

レベルチェック！
- 28問以上　合格間違いなし！
- 25〜27問　ボーダーライン
- 14〜24問　全問解き直し！
- 13問以下　合格にはほど遠い…

目標時間 **5**分　合格点 **28**点

- 16 **杜撰**な管理をとがめられる。
- 17 **紫紺**の優勝旗を手にする。
- 18 **穿った**見方をする。
- 19 **達磨**に目を入れる。
- 20 少年は**可塑性**に富む。
- 21 **煙草**をやめる。
- 22 **地場産業**が盛ん。
- 23 戦争が**勃発**した。
- 24 **木瓜**の花が咲く。
- 25 十分に内容を**咀嚼**する。
- 26 **蘊蓄**を傾ける。
- 27 美しい**硝子細工**。
- 28 **納戸**に片付ける。
- 29 証拠を**隠蔽**する。
- 30 **疫病神**を追い払う。

解答
- 16 ずさん
- 17 しこん
- 18 うがった
- 19 だるま
- 20 かそせい
- 21 たばこ
- 22 じばさんぎょう
- 23 ぼっぱつ
- 24 ぼけ
- 25 そしゃく
- 26 うんちく
- 27 がらすざいく
- 28 なんど
- 29 いんぺい
- 30 やくびょうがみ

書き 難書熟語

書ければ「さすが！」と言われる

下線部のひらがなを漢字で書きなさい。
（一部送り仮名をつけるものがあります）

	問題		解答
1	**さつばつ**とした雰囲気。	1	殺伐
2	山頂から**こうごう**しい日の出を見る。	2	神々
3	除夜の鐘をついて**ぼんのう**を取り除く。	3	煩悩
4	良心の**かしゃく**に苛まれる。	4	呵責
5	**はんそで**の体操服を着る。	5	半袖
6	金魚に**えさ**をやる。	6	餌
7	転んで足首を**ねんざ**した。	7	捻挫
8	**じぎ**を得た発言。	8	時宜
9	彼は**しっと**深い性格だ。	9	嫉妬
10	運命に**ほんろう**される。	10	翻弄
11	心の中で激しい**かっとう**があった。	11	葛藤
12	星が**またたく**。	12	瞬く
13	物見**ゆさん**に出かける。	13	遊山
14	**きゅうり**を収穫する。	14	胡瓜
15	二人の意見には**けんかく**がある。	15	懸隔

2日目

目標時間 10分
合格点 24点

レベルチェック！
- 24問以上　合格間違いなし！
- 19～23問　ボーダーライン
- 8～18問　全問解き直し！
- 7問以下　合格にはほど遠い…

書ければ「さすが！」と言われる **難書熟語**

	問題		解答
☐	16　**しゅうちしん**を乗り越える。	16	羞恥心
☐	17　**じこけんじよく**が強い。	17	自己顕示欲
☐	18　**むぞうさ**に結んだ髪。	18	無造作（無雑作）
☐	19　**にんじょうざた**になる。	19	刃傷沙汰
☐	20　急**こうばい**の坂を上る。	20	勾配
☐	21　**やぼ**な質問をする。	21	野暮
☐	22　不正行為に**いきどおる**。	22	憤る
☐	23　**きっさてん**で待ち合わせする。	23	喫茶店
☐	24　**かわせ**相場を分析する。	24	為替
☐	25　万全の**そち**を講じる。	25	措置
☐	26　**かこく**な運命に立ち向かう。	26	過酷
☐	27　**はんかがい**を歩く。	27	繁華街
☐	28　**そや**な振る舞いが目立つ。	28	粗野
☐	29　**めんどう**な手続きを終える。	29	面倒
☐	30　**ざんていてき**な処置。	30	暫定的

31

書き 四字熟語/陰暦月/理科

教員として書けるようになっておきたい

次の**四字熟語の□の部分**に当てはまる**漢字**を書き、その**意味**をⓐ～ⓛの中から選びなさい。

- 1　百戦錬□
- 2　夜□自大
- 3　時期尚□
- 4　□科玉条
- 5　□目躍如
- 6　挙動不□
- 7　融通無□
- 8　純真無□
- 9　和洋折□
- 10　南□北馬
- 11　電光□火
- 12　酒池□林

ⓐ あることを行うにはまだ早すぎること。
ⓑ 態度や動作が怪しいこと。
ⓒ 贅沢の限りを尽くした宴会。豪遊すること。
ⓓ 自分の力量を知らずに威張ること。
ⓔ 考えや行動に何の障害もなく自由であること。
ⓕ 行動が素早いこと。非常に短い時間。
ⓖ 清らかで汚れを知らないこと。
ⓗ 最も大切な守らなくてはいけない規則や法律。
ⓘ 洋風と和風を共に取り入れること。
ⓙ 実力を発揮して生き生きとしている様子。
ⓚ あちらこちらを旅行すること。
ⓛ 多くの戦いで鍛えられた人。

解答

1 磨 ⓛ	2 郎 ⓓ	3 早 ⓐ	4 金 ⓗ
5 面 ⓙ	6 審 ⓑ	7 碍 ⓔ	8 垢 ⓖ
9 衷 ⓘ	10 船 ⓚ	11 石 ⓕ	12 肉 ⓒ

目標時間	合格点
10分	26点

レベルチェック！
- 26問以上　合格間違いなし！
- 21～25問　ボーダーライン
- 10～20問　全問解き直し！
- 9問以下　合格にはほど遠い…

2日目

教員として書けるようになっておきたい　四字熟語／陰暦月／理科

陰暦の月の名称を、1月～12月まで、下線のひらがなを漢字で書きなさい。

1. 一月（**むつき**）
2. 二月（**きさらぎ**）
3. 三月（**やよい**）
4. 四月（**うづき**）
5. 五月（**さつき**）
6. 六月（**みなづき**）
7. 七月（**ふ(み)づき**）
8. 八月（**はづき**）
9. 九月（**ながつき**）
10. 十月（**かんなづき**）
11. 十一月（**しもつき**）
12. 十二月（**しわす**）

解答
1. 睦月
2. 如月
3. 弥生
4. 卯月
5. 皐月
6. 水無月
7. 文月
8. 葉月
9. 長月
10. 神無月
11. 霜月
12. 師走

次の下線部のひらがなを漢字で書きなさい。

1. 種子で増える植物には、**ひし**植物と**らし**植物がある。
2. シダ植物やコケ植物などは、種子ではなく**ほうし**で増える。
3. シダ植物と種子植物は**いかんそく**を持つ。
4. **せきつい**動物は、**ほにゅう**類、鳥類、爬虫類、両生類、魚類に分類される。
5. 電気**ていこう**の大きさは、**どうせん**の断面積に反比例する。
6. 地球内部から地表面へ上昇してくる熱量の大きさを**ちかく**熱流量という。
7. 台車とおもりを、**かっしゃ**を通して糸でつなぐ。
8. **しじゅん**化石は、地層が**たいせき**した時代の特定に役立つ化石だ。

解答
1. 被子・裸子
2. 胞子
3. 維管束
4. 脊椎・哺乳
5. 抵抗・導線
6. 地殻
7. 滑車
8. 示準・堆積

読み 教員として伝えたい 日本の伝統文化用語①

下線部の漢字の読みをひらがなで書きなさい。

1. **襖**を開ける。
2. **扇子**を閉じる。
3. **足袋**を穿く。
4. **炬燵**に入る。
5. 新しい寺が**建立**された。
6. **蚊帳**を吊る。
7. **寄席**に落語を聞きに行く。
8. **神輿**を担ぐ。
9. 世界中で人気がある**浮世絵**。
10. **長押**に額を掛ける。
11. **雑煮**を食べる。
12. **祝詞**をあげる。
13. **布団**から出られない。
14. **神楽**を舞う。
15. **御簾**を上げる。

解答

1. ふすま
2. せんす
3. たび
4. こたつ
5. こんりゅう
6. かや
7. よせ
8. みこし
9. うきよえ
10. なげし
11. ぞうに
12. のりと
13. ふとん
14. かぐら
15. みす

2日目 教員として伝えたい 日本の伝統文化用語①

目標時間 5分　**合格点** 28点

レベルチェック！
- 28問以上　合格間違いなし！
- 25〜27問　ボーダーライン
- 14〜24問　全問解き直し！
- 13問以下　合格にはほど遠い…

問題	解答
16 **提灯**を持って歩く。	16 ちょうちん
17 まるで**桃源郷**のようだ。	17 とうげんきょう
18 聖徳太子ゆかりの**古刹**。	18 こさつ
19 見事な**池泉**回遊式庭園だ。	19 ちせん
20 **袂**を分かつ。	20 たもと
21 **烏帽子**をかぶる。	21 えぼし
22 **群青色**のシャツを着る。	22 ぐんじょういろ
23 **五月雨**が降る。	23 さみだれ
24 **手水鉢**で手を洗う。	24 ちょうずばち
25 **衆生**を救済する。	25 しゅじょう
26 **庵**を結ぶ。	26 いおり
27 **御神酒**を飲む。	27 おみき
28 巨大な**伽藍**が立ち並ぶ。	28 がらん
29 **錦秋**の京都を歩く。	29 きんしゅう
30 **茅の輪**くぐりで厄落としする。	30 ちのわ

35

教員として伝えたい 日本の伝統文化用語②

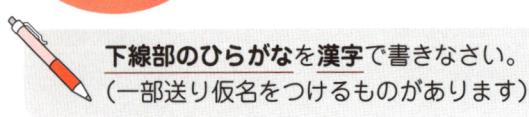

下線部のひらがなを漢字で書きなさい。
（一部送り仮名をつけるものがあります）

1 **はつもうで**に行く。
2 家族で**とそ**をいただく。
3 **ななくさがゆ**を食べる。
4 **ひな**人形を飾る。
5 **ぼんぼり**に灯りをつける。
6 **ひしもち**を供える。
7 冬籠りの虫が這い出る**けいちつ**。
8 **たんご**の節句。
9 **しょうぶ**湯に入る。
10 **ころもがえ**をする。
11 今年は**からつゆ**だ。
12 **げし**は一年で一番昼が長い。
13 **はんげしょう**の葉が色づく。
14 **なごし**の祓。
15 **たなばた**飾りを作る。

解答

1 初詣
2 屠蘇
3 七草粥
4 雛
5 雪洞
6 菱餅
7 啓蟄
8 端午
9 菖蒲
10 衣更（替）え
11 空梅雨
12 夏至
13 半夏生
14 夏（名）越
15 七夕

目標時間 10分　**合格点** 24点

レベルチェック！
- 24問以上　合格間違いなし！
- 19〜23問　ボーダーライン
- 8〜18問　全問解き直し！
- 7問以下　合格にはほど遠い…

2日目 教員として伝えたい 日本の伝統文化用語②

	問題	解答
16	**ぎおん**祭は京都の夏の風物詩だ。	祇園
17	祭**ばやし**が聞こえる。	囃子
18	盆踊りの**やぐら**を組む。	櫓
19	お**ひがん**に墓参りに行く。	彼岸
20	神社で**にいなめさい**が行われる。	新嘗祭
21	七五三に**ちとせあめ**は欠かせない。	千歳飴
22	**ふゆじたく**をする。	冬支度
23	**とうじ**にかぼちゃを食べる。	冬至
24	**ゆず**湯に入る。	柚子
25	お**せいぼ**を贈る。	歳暮
26	今年は**うるうどし**だ。	閏年
27	正月を迎えるために**すすはらい**をする。	煤払い
28	玄関に**しめなわ**を飾る。	注連縄
29	**おおみそか**に帰省する。	大晦日
30	**じょや**の鐘をつく。	除夜

日本の著名人など

一般教養レベルとして覚えておきたい

下線部のひらがなを漢字で書きなさい。

1. 『**ふどき**』は奈良時代の地理の書物である。
2. **おおとものやかもち**は万葉集の編者と言われる。
3. **せいしょうなごん**は『枕草子』を記した。
4. **きのつらゆき**は『古今和歌集』を編集した。
5. **しんらん**は鎌倉時代に浄土真宗を開いた。
6. 『方丈記』は出家した**かものちょうめい**が書いた随筆。
7. **うんけい**・**かいけい**作の金剛力士像。
8. 『**つれづれぐさ**』は吉田兼好が書いた随筆。
9. 能は**かんあみ**・**ぜあみ**親子が大成した。
10. 室町時代には**おとぎぞうし**が流行した。
11. **かのうえいとく**の『唐獅子図屏風』は見事だ。
12. 茶の湯の作法を完成させた**せんのりきゅう**。
13. 人形浄瑠璃の台本を書いた**ちかまつもんざえもん**。
14. 俳聖として知られる**まつおばしょう**。
15. 『好色一代男』などを書いた**いはらさいかく**。

解答

1. 風土記
2. 大伴家持
3. 清少納言
4. 紀貫之
5. 親鸞
6. 鴨長明
7. 運慶・快慶
8. 徒然草
9. 観阿弥・世阿弥
10. 御伽草子
11. 狩野永徳
12. 千利休
13. 近松門左衛門
14. 松尾芭蕉
15. 井原西鶴

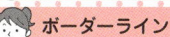

目標時間	合格点	レベルチェック！
10分	24点	24問以上 合格間違いなし！ 19〜23問 ボーダーライン 8〜18問 全問解き直し！ 7問以下 合格にはほど遠い…

2日目 — 一般教養レベルとして覚えておきたい **日本の著名人など**

	問題	解答
☐ 16	**おがたこうりん**は江戸時代の画家である。	16 尾形光琳
☐ 17	浮世絵の祖と呼ばれる**ひしかわもろのぶ**。	17 菱川師宣
☐ 18	『古事記伝』を書いた**もとおりのりなが**。	18 本居宣長
☐ 19	日本地図を作った**いのうただたか**。	19 伊能忠敬
☐ 20	**かつしかほくさい**の風景版画。	20 葛飾北斎
☐ 21	**じっぺんしゃいっく**の『東海道中膝栗毛』。	21 十返舎一九
☐ 22	『南総里見八犬伝』の作者**たきざわばきん**。	22 滝沢馬琴
☐ 23	**よさのあきこ**は主戦論に疑問を投げかけた。	23 与謝野晶子
☐ 24	**ひぐちいちよう**は明治時代の女流小説家だ。	24 樋口一葉
☐ 25	**なつめそうせき**は千円札に描かれていた。	25 夏目漱石
☐ 26	**もりおうがい**は陸軍軍医でもあった。	26 森鷗外
☐ 27	**つぼうちしょうよう**は『小説神髄』の作者。	27 坪内逍遥
☐ 28	**ふたばていしめい**は『浮雲』を発表した。	28 二葉亭四迷
☐ 29	**しまざきとうそん**は自然主義文学の小説家。	29 島崎藤村
☐ 30	平塚らいてうは**せいとうしゃ**を結成した。	30 青鞜社

一般教養レベルとして覚えておきたい 日本人作家と文学作品

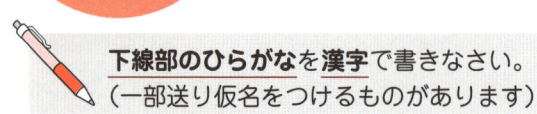

下線部のひらがなを漢字で書きなさい。
（一部送り仮名をつけるものがあります）

	問題	解答
1	<u>たやまかたい</u>……『蒲団』	田山花袋
2	<u>いしかわたくぼく</u>……『一握の砂』	石川啄木
3	谷崎潤一郎……『<u>しせい</u>』	刺青
4	<u>むしゃのこうじさねあつ</u>……『お目出たき人』	武者小路実篤
5	斎藤茂吉……『<u>しゃっこう</u>』	赤光
6	高村光太郎……『<u>どうてい</u>』	道程
7	<u>はぎわらさくたろう</u>……『月に吠える』	萩原朔太郎
8	<u>むろうさいせい</u>……『抒情小曲集』	室生犀星
9	<u>あくたがわりゅうのすけ</u>……『羅生門』『蜘蛛の糸』	芥川龍之介
10	<u>ありしまたけお</u>……『或る女』	有島武郎
11	<u>しがなおや</u>……『暗夜行路』	志賀直哉
12	井伏鱒二……『<u>さんしょううお</u>』	山椒魚
13	<u>かじいもとじろう</u>……『檸檬』	梶井基次郎
14	<u>はやしふみこ</u>……『放浪記』	林芙美子
15	<u>こばやしたきじ</u>……『蟹工船』	小林多喜二

2日目

レベルチェック！
- 24問以上 合格間違いなし！
- 19〜23問 ボーダーライン
- 8〜18問 全問解き直し！
- 7問以下 合格にはほど遠い…

目標時間 **10**分　合格点 **24**点

一般教養レベルとして覚えておきたい 日本人作家と文学作品

		解答
☐ 16 **かわばたやすなり**……『伊豆の踊子』『雪国』	16	川端康成
☐ 17 **ひのあしへい**……『麦と兵隊』	17	火野葦平
☐ 18 坂口安吾……『**だらくろん**』	18	堕落論
☐ 19 **だざいおさむ**……『斜陽』	19	太宰治
☐ 20 **あべこうぼう**……『壁』	20	安部公房
☐ 21 **よしゆきじゅんのすけ**……『驟雨』	21	吉行淳之介
☐ 22 **みしまゆきお**……『金閣寺』	22	三島由紀夫
☐ 23 大江健三郎……『死者の**おごり**』	23	奢り
☐ 24 井上靖……『**とんこう**』	24	敦煌
☐ 25 **かいこうたけし**……『裸の王様』	25	開高健
☐ 26 **しばりょうたろう**……『竜馬がゆく』	26	司馬遼太郎
☐ 27 **おさらぎじろう**……『鞍馬天狗』	27	大仏次郎
☐ 28 遠藤周作……『**ちんもく**』	28	沈黙
☐ 29 宮本輝……『**ほたるがわ**』	29	螢（蛍）川
☐ 30 **むらかみはるき**……『ノルウェイの森』	30	村上春樹

41

教員として覚えておきたい 四字熟語/部首/同音漢字

次の**四字熟語の読み**を**ひらがな**で書き、その**意味**を❶〜❶の中から選びなさい。

- ☐ 1　隔靴搔痒
- ☐ 2　阿鼻叫喚
- ☐ 3　斗折蛇行
- ☐ 4　鼓腹撃壌
- ☐ 5　鶏鳴狗盗
- ☐ 6　隠忍自重
- ☐ 7　行住坐臥
- ☐ 8　鯨飲馬食
- ☐ 9　片言隻語
- ☐ 10　扶養家族
- ☐ 11　内憂外患
- ☐ 12　不撓不屈

ⓐ 日常の立ち居ふるまいのこと。
ⓑ くだらない技能でも役に立つことがあること。
ⓒ ほんのちょっとした言葉。
ⓓ 強い精神を持ち、困難にへこたれないこと。
ⓔ じっと我慢して、軽々しい行いをしないこと。
ⓕ 思うようにならず、はがゆくもどかしいこと。
ⓖ 生活の面倒を見なければいけない家族。
ⓗ 大いに飲み食いすること。
ⓘ 北斗七星のように折れたり曲がったりしながら進むこと。
ⓙ 辛苦に耐えきれず泣き叫ぶこと。
ⓚ 内にも外にも心配事がたくさんあること。
ⓛ 人々が太平の世を楽しんでいること。

解答

1　かっかそうよう ⓕ	2　あびきょうかん ⓙ	3　とせつだこう ⓘ
4　こふくげきじょう ⓛ	5　けいめいくとう ⓑ	6　いんにんじちょう ⓔ
7　ぎょうじゅうざが ⓐ	8　げいいんばしょく ⓗ	9　へんげんせきご ⓒ
10　ふようかぞく ⓖ	11　ないゆうがいかん ⓚ	12　ふとうふくつ ⓓ

2日目

目標時間 10分　**合格点** 20点

レベルチェック！
- 20問以上　合格間違いなし！
- 15～19問　ボーダーライン
- 4～14問　全問解き直し！
- 3問以下　合格にはほど遠い…

教員として覚えておきたい　四字熟語／部首／同音漢字

次の**漢字の部首・部首名・総画数**を書きなさい。

☑ 1　匆　　☑ 2　融　　☑ 3　頒　　☑ 4　邸

☑ 5　軟　　☑ 6　泰　　☑ 7　粛　　☑ 8　剰

解答
1　勹・つつみがまえ（4）
2　鬲・れき（16）
3　頁・おおがい（13）
4　阝・おおざと（8）
5　車・くるまへん（11）
6　氺・したみず（10）
7　聿・ふでづくり（11）
8　刂・りっとう（11）

次の□の**部分に同じ音の漢字**を書きなさい。

☑ 1
過干□
時代考□
戸籍□本
自己□介

☑ 2
便宜を□る
悪事を□る
時間を□る
審議会に□る

☑ 3
□□を期する
学力の□□
□□測定
意味□□

☑ 4
□□投資
哲学を□□する
独断□□
□□花火をする

解答
1　渉、証、抄、紹
2　図、謀、計、諮
3　慎重、伸長、身長、深長
4　先行、専攻、専行、線香

43

教員として覚えておきたい 難読/動植物/慣用句

読み書き

下線部の漢字の読みをひらがなで書きなさい。

	問題		解答
1	**御し**がたい人物。	1	ぎょし
2	弁慶の読んだ**勧進帳**。	2	かんじんちょう
3	**漏斗**で水を移す。	3	じょうご（ろうと）
4	**気焔**をあげる。	4	きえん
5	江戸時代の**戯作者**。	5	げさくしゃ
6	**起請文**を出す。	6	きしょうもん
7	奥義の**口伝**を受ける。	7	くでん
8	**香華**を手向ける。	8	こうげ
9	堀で**囲繞**された街。	9	いにょう
10	**糸瓜**の実がなる。	10	へちま
11	骨董の**蒐集家**として知られる。	11	しゅうしゅうか
12	新聞に**帯封**をする。	12	おびふう
13	枝を**矯めて**花を散らす。	13	ためて
14	**釣果**を自慢する。	14	ちょうか
15	**壮図**を抱く。	15	そうと

目標時間 **10**分　合格点 **30**点

レベルチェック！
- 30問以上　合格間違いなし！
- 27〜29問　ボーダーライン
- 16〜26問　全問解き直し！
- 15問以下　合格にはほど遠い…

2日目

教員として覚えておきたい 難読／動植物／慣用句

下線部の漢字の読みをひらがなで書きなさい。

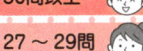

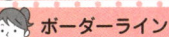

- 1 蜆
- 2 蛸
- 3 雲丹
- 4 牡蠣
- 5 蛤
- 6 蝸牛
- 7 百舌
- 8 栗鼠
- 9 土筆
- 10 百足

解答

1	しじみ	2	たこ
3	うに	4	かき
5	はまぐり	6	かたつむり
7	もず	8	りす
9	つくし	10	むかで

次の慣用句の□の部分に当てはまる漢字を書きなさい。

- 1 人から褒められていい気になること ➡ □□になる
- 2 時には嘘をつくことも必要であること ➡ 嘘も□□
- 3 激しく怒りがこみあげてくること ➡ 怒り□□に発する
- 4 似たような物事が次々出てくること ➡ □□の筍
- 5 間違いがないと保証すること ➡ □□□を押す
- 6 納得できないこと ➡ □に落ちない
- 7 思いもよらないことが突然起こること ➡ 青天の□□
- 8 ここぞという重要な場面を迎えること ➡ □□□を迎える

解答

| 1 | 天狗 | 2 | 方便 | 3 | 心頭 | 4 | 雨後 |
| 5 | 太鼓判 | 6 | 腑 | 7 | 霹靂 | 8 | 正念場 |

45

書き 教員として覚えておきたい 難読/動植物/同音熟語

下線部のひらがなを漢字で書きなさい。
（一部送り仮名をつけるものがあります）

	問題		解答
1	**けいけん**な祈り。	1	敬虔
2	記事を**ねつぞう**する。	2	捏造
3	**せいきょ**を知らせる手紙。	3	逝去
4	**たいまつ**を掲げる。	4	松明
5	プロになるための**とうりゅうもん**。	5	登竜門
6	**じゃけん**にされる。	6	邪険
7	**きょうさ**行為は許されない。	7	教唆
8	彼は**りちぎ**な働き者だ。	8	律儀
9	**おしょう**様の話を聞く。	9	和尚
10	**もうちょう**の手術をする。	10	盲腸
11	ギターを**かなでる**。	11	奏でる
12	手紙を**ひけん**する。	12	披見
13	**らいひん**の挨拶を聞く。	13	来賓
14	**るいらん**の危機にある。	14	累卵
15	金属が**ゆうかい**する温度。	15	融解

2日目

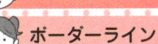

教員として覚えておきたい 難読／動植物／同音熟語

目標時間 10分　**合格点** 24点

レベルチェック！
- 24問以上　合格間違いなし！
- 19〜23問　ボーダーライン
- 8〜18問　全問解き直し！
- 7問以下　合格にはほど遠い…

次の**ひらがな**を**漢字**で書きなさい。

- 1　きつつき
- 2　つばめ
- 3　いちご
- 4　ききょう
- 5　ひまわり
- 6　ばら
- 7　くるみ
- 8　しゃくなげ
- 9　さるすべり
- 10　さざんか

解答

1	啄木鳥	2	燕
3	苺	4	桔梗
5	向日葵	6	薔薇
7	胡桃	8	石楠（南）花
9	百日紅	10	山茶花

次の**同音の熟語**を、それぞれ**意味に合う漢字**で書きなさい。

- 1　この上もない幸せ ➡ □□
  　実力を養いながら活躍の機会を待つこと ➡ □□
- 2　故人の残した教え ➡ □□
  　大きな手柄 ➡ □□
- 3　身ごもること ➡ □□
  　ばらばらにすること ➡ □□
  　預けられた金品を持ち逃げすること ➡ □□
- 4　人の力ではわからないようなことを神が示すこと ➡ □□
  　人目につくようにかかげて示すこと ➡ □□
  　めでたいこと ➡ □□

解答

1	至福・雌伏	2	遺訓・偉勲
3	懐胎・解体・拐帯	4	啓示・掲示・慶事

コラム ❷ 政治経済用語

教員として覚えておくべき用語をまとめました。**ひらがなを漢字**に直しなさい。

☐ 1 かわせかいにゅう	**かわせ**相場の安定のために、中央銀行が☐ 2 **がいこくかわせしじょう**において外貨を売買すること。
☐ 3 りょうてきかんわ	中央銀行が金融市場の資金量を増やすこと。
☐ 4 きかんとうしか	継続的に☐ 5 **しょうけんとうし**を行う銀行、基金などの団体。
☐ 6 けいじょうしゅうし	国の☐ 7 **こくさいしゅうし**を評価する**しゅうし**の一つ。☐ 8 **ぼうえきしゅうし**などから構成される。
☐ 9 しょうひしゃぶっかしすう	☐ 10 **しょうひざい**の価格の変動を表すもの。
☐ 11 ぜいせいかいかく	その国の経済状況などにあわせて、既存の**ぜいせい**をあらためたりすること。
☐ 12 きせいかんわ	自由な経済活動を活性化させるために、政府や自治体などが経済活動で定めていることを**かんわ**したり廃止すること。
☐ 13 ぎいんないかくせい	**ないかく**の存立が議会（国会）の信任を必須条件としている制度。
☐ 14 こくむだいじん	☐ 15 **ないかくそうりだいじん**から☐ 16 **にんめい**された**ないかく**を構成する**だいじん**のこと。
☐ 17 ひこうそくめいぼしき	比例代表制選挙で比例**めいぼ**の順位を決めない方式のこと。☐ 18 **さんぎいんぎいん**選挙で採用されている。

解答
1 為替介入　2 外国為替市場　3 量的緩和
4 機関投資家　5 証券投資　6 経常収支
7 国際収支　8 貿易収支　9 消費者物価指数
10 消費財　11 税制改革　12 規制緩和
13 議院内閣制　14 国務大臣　15 内閣総理大臣
16 任命　17 非拘束名簿式　18 参議院議員

3日目

地理・歴史・公民・芸術・理数科目の漢字

[教職教養レベル]

九州・中国地方の地名

一般教養レベルの地理漢字

★九州地方の地名★

下線部のひらがなを漢字で書きなさい。

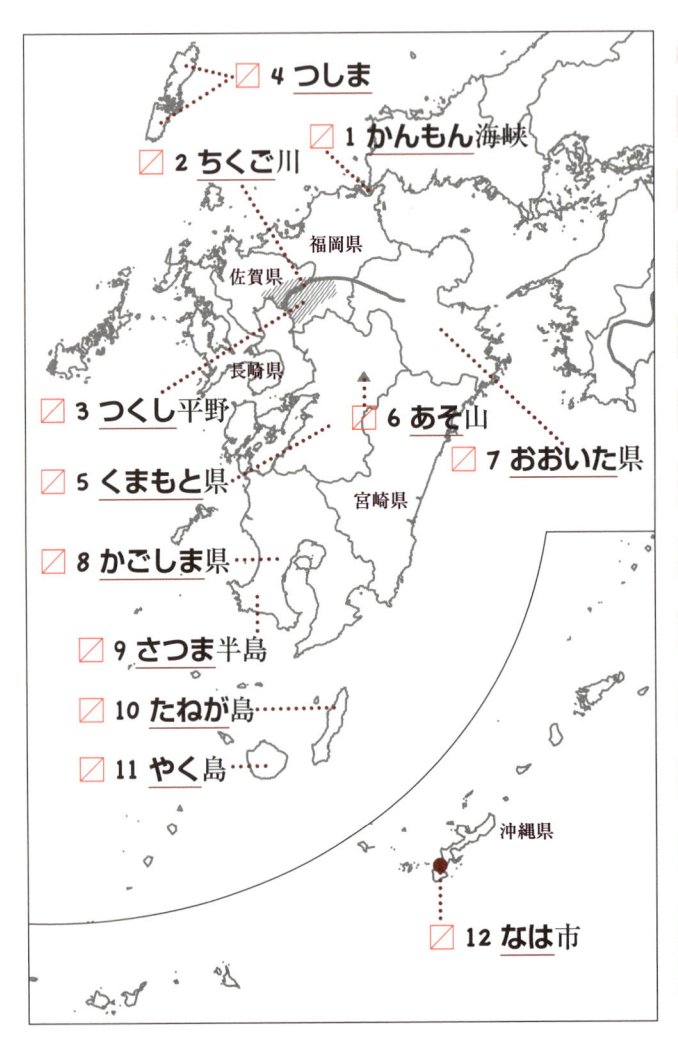

- 4 <u>つしま</u>
- 1 <u>かんもん</u>海峡
- 2 <u>ちくご</u>川
- 3 <u>つくし</u>平野
- 6 <u>あそ</u>山
- 7 <u>おおいた</u>県
- 5 <u>くまもと</u>県
- 8 <u>かごしま</u>県
- 9 <u>さつま</u>半島
- 10 <u>たねが</u>島
- 11 <u>やく</u>島
- 12 <u>なは</u>市

解答	
1	関門
2	筑後
3	筑紫
4	対馬
5	熊本
6	阿蘇
7	大分
8	鹿児島
9	薩摩
10	種子
11	屋久
12	那覇

目標時間	合格点	レベルチェック！	3日目
10分	23点	23問以上 合格間違いなし！ 20〜22問 ボーダーライン 9〜19問 全問解き直し！ 8問以下 合格にはほど遠い…	

★中国地方の地名★

下線部のひらがなを漢字で、漢字の読みをひらがなで書きなさい。

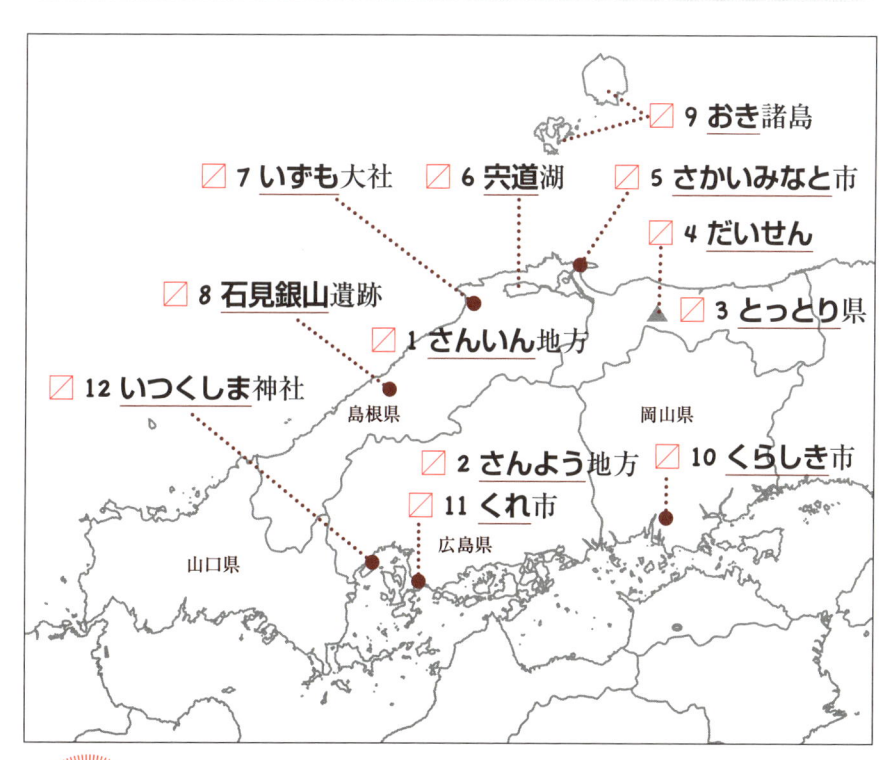

- 9 <u>おき</u>諸島
- 7 <u>いずも</u>大社
- 6 <u>宍道</u>湖
- 5 <u>さかいみなと</u>市
- 4 <u>だいせん</u>
- 8 <u>石見銀山</u>遺跡
- 1 <u>さんいん</u>地方
- 3 <u>とっとり</u>県
- 12 <u>いつくしま</u>神社
- 2 <u>さんよう</u>地方
- 10 <u>くらしき</u>市
- 11 <u>くれ</u>市

島根県　岡山県　広島県　山口県

解答

1 山陰	2 山陽	3 鳥取	4 大山
5 境港	6 しんじ	7 出雲	8 いわみぎんざん
9 隠岐	10 倉敷	11 呉	12 厳島

一般教養レベルの地理漢字　九州・中国地方の地名

51

読み書き 月 日

一般教養レベルの地理漢字
四国・近畿地方の地名

★四国地方の地名★

下線部のひらがなを漢字で、漢字の読みをひらがなで書きなさい。

1 せとないかい
2 しょうど島
3 なると海峡
4 さぬき平野
5 まんのう池
6 えひめ県
7 新居浜市
8 いまばり市
9 とさ湾
10 四万十川
11 むろと岬
12 足摺岬

解答

1 瀬戸内海	2 小豆	3 鳴門	4 讃岐
5 満濃	6 愛媛	7 にいはま	8 今治
9 土佐	10 しまんと	11 室戸	12 あしずり

52

3日目 四国・近畿地方の地名

目標時間 10分 / 合格点 23点

レベルチェック！
- 23問以上　合格間違いなし！
- 20～22問　ボーダーライン
- 9～19問　全問解き直し！
- 8問以下　合格にはほど遠い…

★近畿地方の地名★

下線部のひらがなを漢字で、漢字の読みをひらがなで書きなさい。

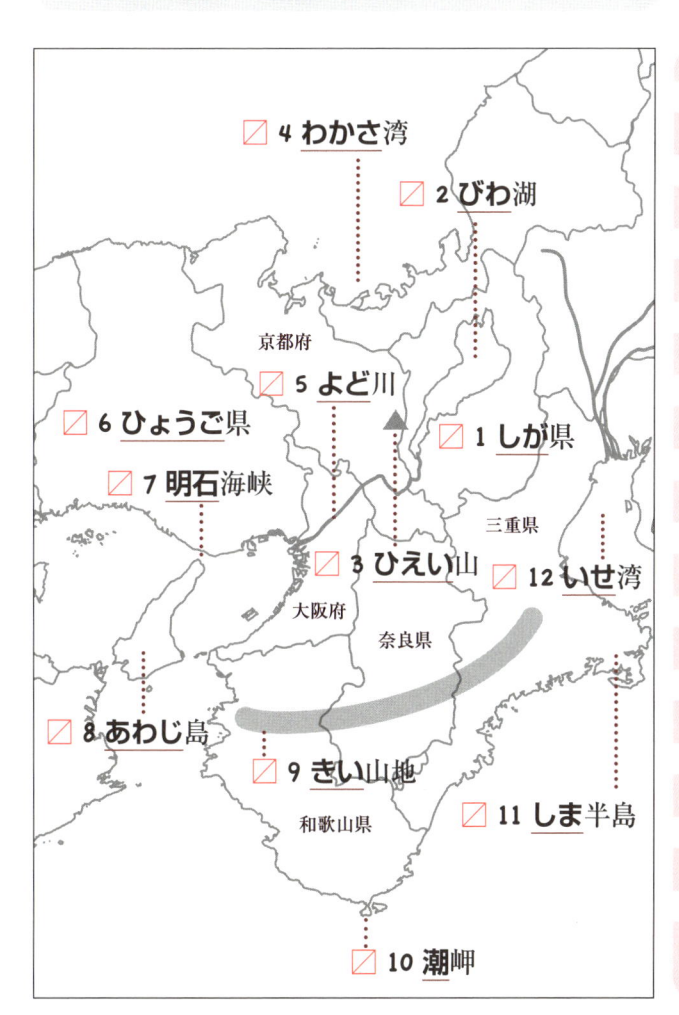

地図上のラベル：
- 4 わかさ湾
- 2 びわ湖
- 京都府
- 5 よど川
- 6 ひょうご県
- 1 しが県
- 7 明石海峡
- 三重県
- 3 ひえい山
- 12 いせ湾
- 大阪府
- 奈良県
- 8 あわじ島
- 9 きい山地
- 11 しま半島
- 和歌山県
- 10 潮岬

解答

1	滋賀
2	琵琶
3	比叡
4	若狭
5	淀
6	兵庫
7	あかし
8	淡路
9	紀伊
10	しおの
11	志摩
12	伊勢

一般教養レベルの地理漢字

中部・関東地方の地名

一般教養レベルの地理漢字

読み書き 月 日

★中部地方の地名★

下線部のひらがなを漢字で、漢字の読みをひらがなで書きなさい。

- 3 佐渡市
- 5 のと半島
- 2 しなの川
- 1 にいがた県
- 4 いといがわ市
- 8 すわ湖
- 9 ぎふ県
- 10 長良川
- 6 やまなし県
- 7 きそ川
- 11 揖斐川
- 12 いず半島

富山県 長野県 石川県 福井県 愛知県 静岡県

解答

1 新潟
2 信濃
3 さど
4 糸魚川
5 能登
6 山梨
7 木曽
8 諏訪
9 岐阜
10 ながら
11 いび
12 伊豆

54

3日目 中部・関東地方の地名

目標時間 10分　**合格点** 23点

レベルチェック！
- 23問以上　合格間違いなし！
- 20〜22問　ボーダーライン
- 9〜19問　全問解き直し！
- 8問以下　合格にはほど遠い…

★関東地方の地名★

下線部のひらがなを漢字で、漢字の読みをひらがなで書きなさい。

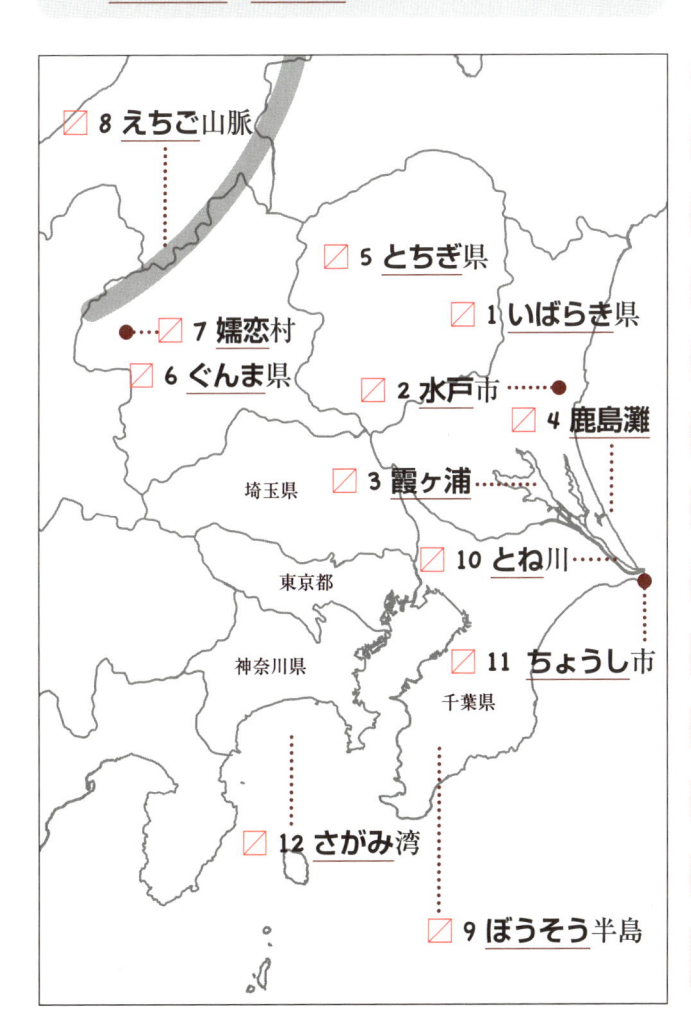

地図中の問題：
- 8 <u>えちご</u>山脈
- 7 <u>嬬恋</u>村
- 6 <u>ぐんま</u>県
- 5 <u>とちぎ</u>県
- 1 <u>いばらき</u>県
- 2 <u>水戸</u>市
- 4 <u>鹿島灘</u>
- 3 <u>霞ヶ浦</u>
- 10 <u>とね</u>川
- 11 <u>ちょうし</u>市
- 12 <u>さがみ</u>湾
- 9 <u>ぼうそう</u>半島

解答

1	茨城
2	みと
3	かすみがうら
4	かしまなだ
5	栃木
6	群馬
7	つまごい
8	越後
9	房総
10	利根
11	銚子
12	相模

一般教養レベルの地理漢字

読み書き

一般教養レベルの地理漢字

東北地方・北海道の地名

★東北地方の地名★

下線部のひらがなを漢字で、
漢字の読みをひらがなで書きなさい。

- 1 <u>せいかん</u>トンネル
- 2 <u>しらかみ</u>山地
- 3 <u>奥羽</u>山脈
- 4 <u>みやぎ</u>県
- 5 <u>気仙沼</u>港
- 6 <u>せんだい</u>湾
- 7 <u>はちろうがたかんたくち</u>
- 8 <u>男鹿</u>半島
- 9 <u>出羽</u>山地
- 10 <u>やまがた</u>県
- 11 <u>磐梯</u>山
- 12 <u>いなわしろ</u>湖

解答

1 青函
2 白神
3 おうう
4 宮城
5 けせんぬま
6 仙台
7 八郎潟干拓地
8 おが
9 でわ
10 山形
11 ばんだい
12 猪苗代

目標時間	合格点
10分	**23**点

レベルチェック！
- 23問以上 → 合格間違いなし！
- 20〜22問 → ボーダーライン
- 9〜19問 → 全問解き直し！
- 8問以下 → 合格にはほど遠い…

3日目

一般教養レベルの地理漢字　東北地方・北海道の地名

★北海道の地名★

下線部のひらがなを**漢字**で、**漢字の読み**を**ひらがな**で書きなさい。

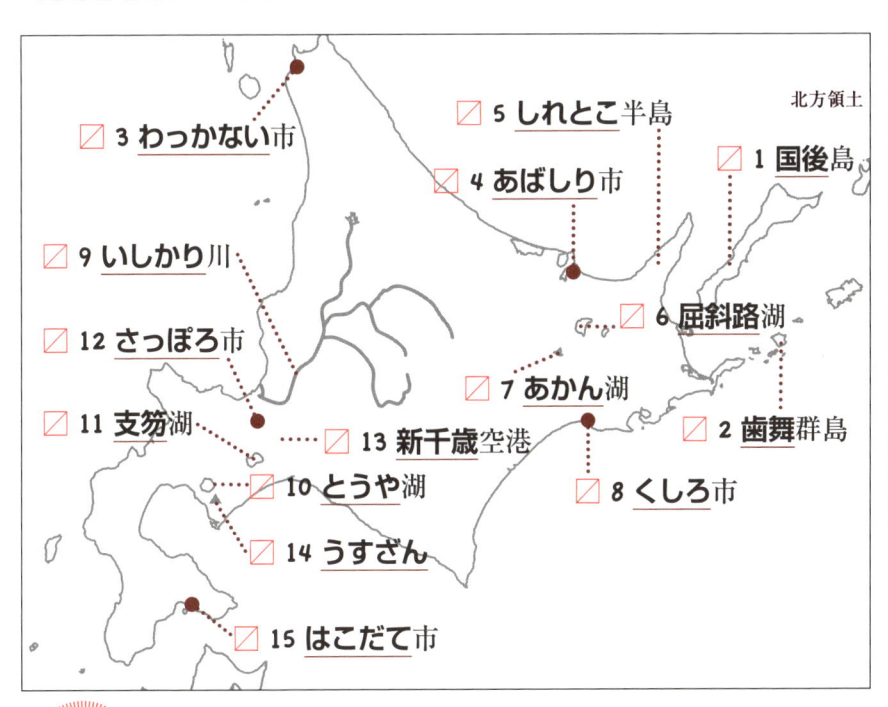

- 3 <u>わっかない</u>市
- 5 <u>しれとこ</u>半島
- 4 <u>あばしり</u>市
- 1 <u>国後</u>島　北方領土
- 9 <u>いしかり</u>川
- 12 <u>さっぽろ</u>市
- 6 <u>屈斜路</u>湖
- 7 <u>あかん</u>湖
- 11 <u>支笏</u>湖
- 13 <u>新千歳</u>空港
- 2 <u>歯舞</u>群島
- 10 <u>とうや</u>湖
- 8 <u>くしろ</u>市
- 14 <u>うすざん</u>
- 15 <u>はこだて</u>市

解答

1 くなしり	2 はぼまい	3 稚内	4 網走
5 知床	6 くっしゃろ	7 阿寒	8 釧路
9 石狩	10 洞爺	11 しこつ	12 札幌
13 しんちとせ	14 有珠山	15 函館	

57

古代の人名・出来事

一般教養レベルの歴史漢字

★古代国家の成立★

下線部のひらがなを漢字で、漢字の読みをひらがなで書きなさい。

約13000年前 …… □ 1 **じょうもん**時代がこの頃始まる。

約5500年前頃…… 青森の大集落・□ 2 **さんないまるやまいせき**

紀元前3世紀頃… □ 3 **やよい**時代が始まる。

57年………… □ 4 **倭の奴国の王**が漢に使者を送る。

239年 ………… □ 5 **やまたいこく**の女王 □ 6 **ひみこ**が □ 7 **ぎ**に使者を送る。

3世紀後半……… □ 8 **やまと**政権誕生。□ 9 **こふん**の出現。

478年 ………… □ 10 **倭王武**が中国の南朝に使者を送る。

6世紀中頃……… 百済から □ 11 **ぶっきょう**が伝来する。
　　　　　　　　□ 12 **とらいじん**により諸技術が伝えられる。

解答

1 縄文	2 三内丸山遺跡	3 弥生
4 わのなこく（わのなのくに）のおう	5 邪馬台国	6 卑弥呼
7 魏	8 大和	9 古墳	10 わおうぶ
11 仏教	12 渡来人	

★古代国家★

下線部のひらがなを漢字で、漢字の読みをひらがなで書きなさい。

593年 1 **しょうとくたいし**が推古天皇の 2 **せっしょう**になる。

607年 3 **おののいもこ**らを 4 **けんずいし**として派遣する。

645年 5 **中大兄皇子**と 6 **中臣鎌足**が蘇我氏を倒す。大化の改新が始まる。

663年 7 **白村江**の戦い。

672年 8 **じんしん**の乱が起こり、飛鳥浄御原宮に 9 **せんと**。

701年 10 **たいほうりつりょう**の制定。

743年 11 **こんでんえいねんしざいほう**が定められる。後の 12 **しょうえん**の発展につながる。

794年 13 **へいあんきょう**に都を移す。

939年 14 **たいらのまさかど**の乱。

解答

1 聖徳太子　2 摂政　3 小野妹子　4 遣隋使
5 なかのおおえのおうじ　6 なかとみのかまたり　7 はくすきのえ（はくそんこう）
8 壬申　9 遷都　10 大宝律令　11 墾田永年私財法
12 荘園　13 平安京　14 平将門

中世の人名・出来事

一般教養レベルの歴史漢字

★中世★

下線部のひらがなを漢字で、漢字の読みをひらがなで書きなさい。

1053年　☐1 <u>びょうどういんほうおうどう</u>が建立される。

1086年　☐2 <u>しらかわじょうこう</u>の院政が始まる。

1156年　☐3 <u>保元</u>の乱。

1185年　源頼朝が全国に☐4 <u>しゅご</u>・☐5 <u>じとう</u>を置く。

1221年　☐6 <u>じょうきゅう</u>の乱。

1232年　☐7 <u>ごせいばいしきもく</u>の制定。

1274年・1281年　蒙古軍が襲来する（☐8 <u>げんこう</u>）。

1333年　☐9 <u>かまくらばくふ</u>が滅亡する。

1404年　日明貿易（☐10 <u>かんごうぼうえき</u>）の開始。

1429年　☐11 <u>りゅうきゅう</u>王国の成立。

1467年　☐12 <u>おうにん</u>の乱が始まる。

解答

1 平等院鳳凰堂	2 白河上皇	3 ほうげん	4 守護
5 地頭	6 承久	7 御成敗式目	8 元寇
9 鎌倉幕府	10 勘合貿易	11 琉球	12 応仁

目標時間 **10**分　合格点 **23**点

レベルチェック！
- 23問以上　合格間違いなし！
- 20〜22問　ボーダーライン
- 9〜19問　全問解き直し！
- 8問以下　合格にはほど遠い…

3日目

一般教養レベルの歴史漢字　中世の人名・出来事

★天下統一★

下線部のひらがなを漢字で、漢字の読みをひらがなで書きなさい。

- 1543年　1 **てっぽうでんらい**。
- 1560年　2 **桶狭間**の戦いで　3 **おだのぶなが**が今川義元を破る。
- 1582年　4 **ほんのうじ**の変。
- 1582年　5 **天正遣欧**使節の派遣。
- 1582年　6 **たいこうけんち**の開始。
- 1588年　農民　7 **いっき**の防止のため、8 **かたながりれい**を定める。
- 1590年　9 **とよとみひでよし**が全国を統一する。
- 1592年〜1598年　10 **ぶんろく**・11 **けいちょう**の役（12 **ちょうせんしゅっぺい**）。

解答

1	鉄砲伝来	2	おけはざま	3	織田信長	4	本能寺
5	てんしょうけんおう			6	太閤検地	7	一揆
8	刀狩令	9	豊臣秀吉	10	文禄	11	慶長
12	朝鮮出兵						

61

近世の人名・出来事

一般教養レベルの歴史漢字

★近世★

下線部のひらがなを漢字で、漢字の読みをひらがなで書きなさい。

1600年 □ 1 **せきがはら**の戦い。

1603年 □ 2 **とくがわいえやす**が □ 3 **せいいたいしょうぐん**になる。

1615年 □ 4 **ぶけしょはっと**の制定。

1635年 □ 5 **さんきんこうたい**を制度化。

1633年 □ 6 **さこく**令を通達。

1716年 □ 7 **きょうほう**の**かいかく**が始まる。

1742年 □ 8 **くじかたおさだめがき**の制定。

1772年 □ 9 **たぬまおきつぐ**が老中となり、権勢を握る。

1787年 □ 10 **かんせい**の**かいかく**が始まる。

1825年 □ 11 **異国船打払令**。これを批判した □ 12 **らんがく**者を処罰。

解答

1 関ヶ原　2 徳川家康　3 征夷大将軍　4 武家諸法度
5 参勤交代　6 鎖国　7 享保・改革　8 公事方御定書
9 田沼意次　10 寛政・改革　11 いこくせんうちはらいれい
12 蘭学

目標時間	合格点
10分	23点

レベルチェック！
- 23問以上　合格間違いなし！
- 20〜22問　ボーダーライン
- 9〜19問　全問解き直し！
- 8問以下　合格にはほど遠い…

3日目

一般教養レベルの歴史漢字　近世の人名・出来事

★日本の開国★

下線部のひらがなを**漢字**で、漢字の読みを**ひらがな**で書きなさい。

1853年　アメリカの使節ペリーが☐1 **うらが**に来航。

1854年　☐2 **にちべいわしん**条約を結ぶ。

1858年　☐3 **にちべいしゅうこうつうしょう**条約を結ぶ。
　　　　外国の☐4 **りょうじさいばんけん**を認め、
　　　　日本に☐5 **かんぜいじしゅけん**がない不平等条約だった。

1860年　☐6 **いいなおすけ**が暗殺される（桜田門外の変）。

1866年　☐7 **さっちょうどうめい**が結ばれ、☐8 **とうばく**への気運高まる。

1867年　☐9 **徳川慶喜**が☐10 **たいせいほうかん**。
　　　　☐11 **おうせいふっこ**の大号令。

1868年　☐12 **戊辰**戦争が始まる。

解答

1　浦賀　　2　日米和親　　3　日米修好通商　　4　領事裁判権

5　関税自主権　　6　井伊直弼　　7　薩長同盟　　8　討幕

9　とくがわよしのぶ　　10　大政奉還　　11　王政復古

12　ぼしん

63

近代の人名・出来事

一般教養レベルの歴史漢字

★近代★

下線部のひらがなを漢字で、漢字の読みをひらがなで書きなさい。

1868年　五箇条の □ 1 **ごせいもん**の制定。

1869年　□ 2 **はんせきほうかん**が行われる。

1871年　□ 3 **はいはんちけん**が行われる。

1873年　□ 4 **ちょうへいれい**、□ 5 **ちそかいせい**の開始。

1874年　□ 6 **いたがきたいすけ**らが、民撰議院設立の □ 7 **けんぱくしょ**提出。

1889年　□ 8 **だいにほんていこくけんぽう**が発布される。

1894年　□ 9 **にっしん**戦争。

1900年　□ 10 **ぎわだん**事件。

1901年　□ 11 **八幡製鉄所**の操業が開始される。

1911年　中国で □ 12 **辛亥革命**。

解答

1	御誓文	2	版籍奉還	3	廃藩置県	4	徴兵令
5	地租改正	6	板垣退助	7	建白書	8	大日本帝国憲法
9	日清	10	義和団	11	やはた（わ）たせいてつじょ		
12	しんがいかくめい						

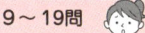

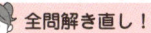

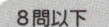

★世界大戦★

下線部のひらがなを漢字で、漢字の読みをひらがなで書きなさい。

1914年　第一次 □1 <u>せかいたいせん</u>に参戦。

1918年　□2 <u>こめそうどう</u>が起こる。

1918年　□3 <u>原敬</u>の政党内閣成立。

1923年　関東 □4 <u>だいしんさい</u>。

1924年　第二次 □5 <u>ごけんうんどう</u>が起こる。

1925年　□6 <u>ちあんいじほう</u>・□7 <u>ふつうせんきょほう</u>が成立する。

1929年　世界 □8 <u>きょうこう</u>。

1931年　□9 <u>まんしゅうじへん</u>。

1933年　日本が国際 □10 <u>れんめい</u>を脱退。

1945年　広島・長崎に □11 <u>げんしばくだん</u>投下。

1945年　ポツダム宣言を受諾、無条件 □12 <u>こうふく</u>する。

解答

1	世界大戦	2	米騒動	3	はらたかし	4	大震災
5	護憲運動	6	治安維持法	7	普通選挙法	8	恐慌
9	満州事変	10	連盟	11	原子爆弾	12	降伏

一般教養レベルの歴史漢字 近代の人名・出来事

一般教養レベルの歴史漢字
現代の人名・出来事

★世界大戦後★

下線部のひらがなを漢字で書きなさい。

1945年　1 **ざいばつかいたい**。

1946年　2 **のうちかいかく**が開始される。

1946年　日本国憲法が 3 **こうふ**される。

1951年　サンフランシスコ平和条約に 4 **よしだしげる**首相が調印。

1951年　日米安全 5 **ほしょう**条約調印。

1954年　6 **じえいたい**が設置される。

1965年　7 **にっかん**基本条約が締結される。

1972年　8 **おきなわ**が日本に復帰する。

1972年　日中共同声明により、日本と中国が 9 **こっこうせいじょうか**へ。

1973年　第四次中東戦争により原油価格が 10 **こうとう**。世界的に 11 **せきゆきき**が叫ばれる。

1979年　国際人権規約を 12 **ひじゅん**する。

解答

1 財閥解体	2 農地改革	3 公布	4 吉田茂
5 保障	6 自衛隊	7 日韓	8 沖縄
9 国交正常化	10 高騰	11 石油危機	12 批准

★現代★

下線部のひらがなを漢字で書きなさい。

1989年　ベルリンの壁が 1 **ほうかい**する。

1991年　ソビエト社会主義共和国連邦が 2 **かいたい**。

1992年　国連 3 **へいわいじ**活動〔PKO〕協力法が成立する。

1993年　ヨーロッパ連合〔EU〕が 4 **ほっそく**する。

1995年　5 **はんしん・あわじ**大震災。

1997年　アイヌ 6 **ぶんかしんこう**法制定。

2002年　日朝 7 **しゅのうかいだん**によって、8 **らち**被害者5人が帰国する。

2003年　自衛隊をイラクへ 9 **はけん**。

2008年　アイヌ民族を 10 **せんじゅう**民族とすることを求める国会決議。

2007～2008年　世界 11 **きんゆうきき**が起こる。

2011年　東日本大震災が発生する。

2016年　12 **くまもとじしん**が発生する。

解答

1	崩壊	2	解体	3	平和維持	4	発足
5	阪神・淡路	6	文化振興	7	首脳会談	8	拉致
9	派遣	10	先住	11	金融危機	12	熊本地震

一般教養レベルの公民漢字
日本国憲法・三権分立

下線部のひらがなを漢字で、漢字の読みをひらがなで書きなさい。
（一部送り仮名をつけるものがあります）

◎日本国 1 **憲法**は、基本的人権の 2 **尊重**、国民 3 **しゅけん**、平和 4 **しゅぎ**の三つを三大原理としている。

◎基本的人権は、人類の長い間の 5 **くろう**と 6 **しれん**のなかで 7 **かくりつ**されたものであり、「 8 **おかす**ことのできない 9 **えいきゅう**の権利」として 10 **ほしょう**されている。

◎日本国憲法では、 11 **てんのう**は**しゅけん**者ではなく、日本国および日本国民統合の「 12 **しょうちょう**」とされる。

解答

1 けんぽう	2 そんちょう	3 主権	4 主義
5 苦労	6 試練	7 確立	8 侵す
9 永久	10 保障	11 天皇・主権	12 象徴

下線部のひらがなを漢字で、漢字の読みをひらがなで書きなさい。
（一部送り仮名をつけるものがあります）

◎国の権力は立法、行政、司法の三権に分けられ、それぞれ国会、内閣、裁判所という独立した機関が担当している。三権は 1 **そうご**に 2 **よくせい**しあい、権力の 3 **濫用**を防ぎ、 4 **きんこう**を 5 **たもって**いる。

日本国憲法・三権分立

3日目 一般教養レベルの公民漢字

- 目標時間 **10**分
- 合格点 **23**点

レベルチェック！
- 23問以上　合格間違いなし！
- 20〜22問　ボーダーライン
- 9〜19問　全問解き直し！
- 8問以下　合格にはほど遠い…

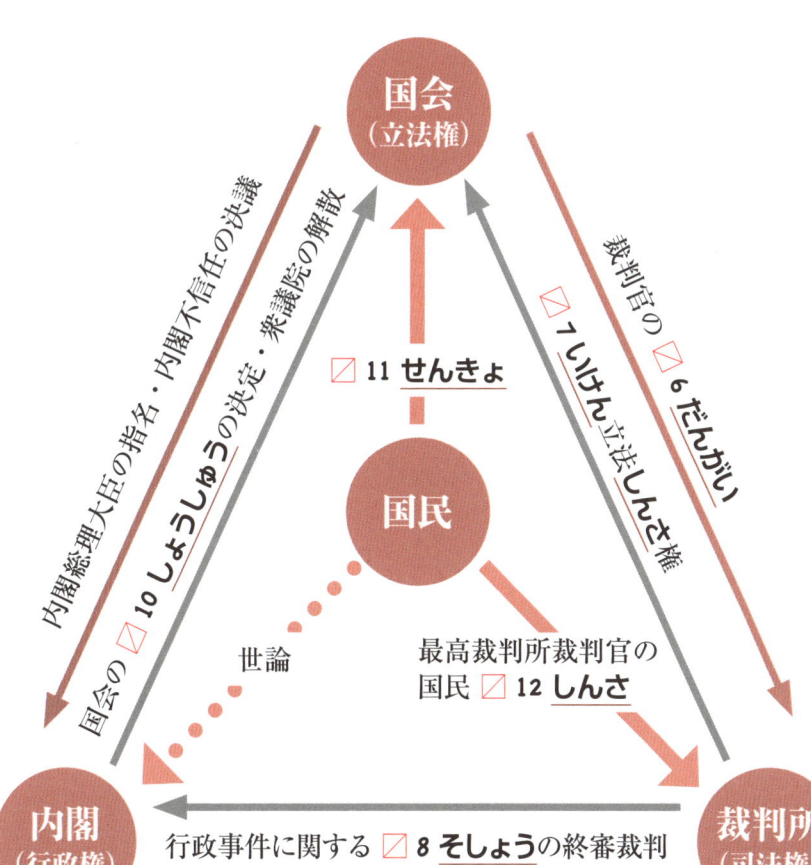

図

- **国会（立法権）**
- **内閣（行政権）**
- **裁判所（司法権）**
- **国民**

国会 → 内閣：内閣総理大臣の指名・内閣不信任の決議
内閣 → 国会：国会の ☐10 **しょうしゅう**の決定・衆議院の解散

国会 → 裁判所：裁判官の ☐6 **だんがい**
裁判所 → 国会：☐7 **いけん**立法しんさ権

国民 → 国会：☐11 **せんきょ**
国民 ⇢ 内閣：世論
国民 → 裁判所：最高裁判所裁判官の国民 ☐12 **しんさ**

裁判所 → 内閣：行政事件に関する ☐8 **そしょう**の終審裁判
内閣 → 裁判所：最高裁判所長官の指名・裁判官の ☐9 **にんめい**

解答

1	相互	2	抑制	3	らんよう	4	均衡
5	保って	6	弾劾	7	違憲・審査	8	訴訟
9	任命	10	召集	11	選挙	12	審査

69

一般教養レベルの公民漢字
社会問題に関わる用語①

下線部のひらがなを漢字で書きなさい。

◎日本国憲法の前文には、「われらは、平和を **1 いじ**し、**2 せんせい**と **3 れいじゅう**、**4 あっぱく**と **5 へんきょう**を地上から永遠に **6 じょきょ**しようと努めてゐる国際社会において、**7 めいよ**ある地位を占めたいと思ふ」と記している。

◎地球環境問題には、**8 おんだんか**、オゾン層の破壊、酸性雨、**9 さばく**化、熱帯雨林の減少、野生生物種の **10 ぜつめつ**などがある。

◎日本の社会保障制度は、社会保険、**11 こうてきふじょ**、社会福祉、**12 こうしゅうえいせい**の四つの柱からなる。

解答

1 維持	2 専制	3 隷従	4 圧迫
5 偏狭	6 除去	7 名誉	8 温暖化
9 砂漠	10 絶滅	11 公的扶助	12 公衆衛生

下線部のひらがなを漢字で書きなさい。

◎日本の企業の多くは株式会社という形をとっている。株式会社は株式 **1 かぶけん**を発行して **2 しきん**を得て、株主は **3 はいとう**を得る。

3日目 一般教養レベルの公民漢字 社会問題に関わる用語①

目標時間 10分
合格点 18点

レベルチェック！
- 18問以上　合格間違いなし！
- 13〜17問　ボーダーライン
- 2〜12問　全問解き直し！
- 1問以下　合格にはほど遠い…

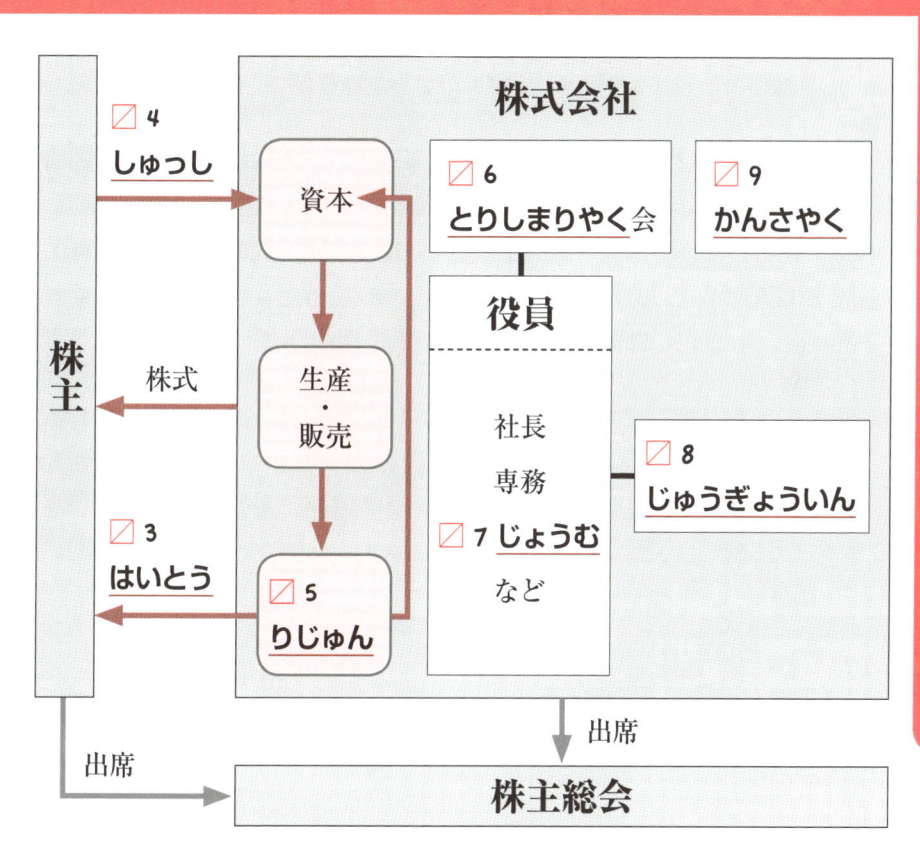

株式会社

- ☐4 <u>しゅっし</u> → 資本
- 資本 → 生産・販売 → ☐5 <u>りじゅん</u>
- 生産・販売 → 株主（株式）
- ☐5 <u>りじゅん</u> → 株主（☐3 <u>はいとう</u>）
- ☐6 <u>とりしまりやく</u>会
- ☐9 <u>かんさやく</u>
- 役員：社長／専務／☐7 <u>じょうむ</u> など
- ☐8 <u>じゅうぎょういん</u>

株主 → 出席 → 株主総会
役員 → 出席 → 株主総会

株主総会
- 会社の方針の決定
- 決算の ☐10 <u>しょうにん</u>
- 役員・☐9 <u>かんさやく</u> の選出

解答
1	株券	2	資金	3	配当	4	出資
5	利潤	6	取締役	7	常務	8	従業員
9	監査役	10	承認				

社会問題に関わる用語②

一般教養レベルの公民漢字

下線部のひらがなを漢字で、漢字の読みをひらがなで書きなさい。

◎ ☐1 **はってんとじょうこく**などへの海外 ☐2 **えんじょ**活動は、政府だけでなく、NGO（ ☐3 **ひせいふそしき**）により活発に行われている。NGOとは、☐4 **ひんこん**や ☐5 **きが**、☐6 **かんきょうはかい**、☐7 **じんけんしんがい**などに対し、☐8 **こっきょう**や ☐9 **こくせき**の違いをこえて自発的に活動している民間の団体である。

◎北海道の東にある、歯舞群島・☐10 **しこたん**島・国後島・☐11 **択捉**島は北方領土と呼ばれる。第二次世界大戦後、ソ連に ☐12 **せんりょう**され、現在実効支配しているロシア連邦に対して日本が返還を求めている。

解答

1 発展途上国	2 援助	3 非政府組織	4 貧困
5 飢餓	6 環境破壊	7 人権侵害	8 国境
9 国籍	10 色丹	11 えとろふ	12 占領

3日目 社会問題に関わる用語②

目標時間 10分　**合格点** 22点

レベルチェック！
- 22問以上　合格間違いなし！
- 19〜21問　ボーダーライン
- 8〜18問　全問解き直し！
- 7問以下　合格にはほど遠い…

下線部のひらがなを漢字で書きなさい。

◎税金・☐1 **そぜい**には、国が集める国税と、地方公共団体が集める地方税がある。税金だけでは収入が不足する場合は、☐2 **こうさい**が発行される。

◎税金の種類

		☐3 **ちょくせつ**税	☐4 **かんせつ**税
国税		所得税 ☐5 **ほうじん**税 ☐6 **そうぞく**税	消費税 酒税 ☐7 **きはつゆ**税
地方税	道府県税	道府県民税 ☐8 **じぎょう**税 自動車税	地方消費税 ゴルフ場利用税 ☐9 **けいゆ**引取税
地方税	市町村税	市町村民税 ☐10 **こていしさん**税	市町村たばこ税 ☐11 **にゅうとう**税

解答

1 租税　2 公債　3 直接　4 間接
5 法人　6 相続　7 揮発油　8 事業
9 軽油　10 固定資産　11 入湯

一般教養レベルの芸術漢字
美術と音楽の用語・人名

下線部のひらがなを漢字で、漢字をひらがなで書きなさい。

	問題		解答
1	スケッチは**そびょう**ともいう。	1	素描
2	**はけ**でペイントする。	2	刷毛
3	美術の授業で**せいぶつが**を描いた。	3	静物画
4	**せっこう**をデッサンする。	4	石膏
5	**ちゅうしょうかいが**の展覧会。	5	抽象絵画
6	**むなかたしこう**は世界に知られる版画家だ。	6	棟方志功
7	粘土を使って彫刻を作ることを**そぞう**という。	7	塑像
8	色彩は、彩度・**しきそう**・明度に分けられる。	8	色相
9	連作絵画『**すいれん**』はモネの代表作だ。	9	睡蓮
10	**りんかく**をはみ出す。	10	輪郭
11	ピカソは**たくばつ**な描写力の持ち主だ。	11	卓抜
12	シャガールは**はなよめ**を好んで描いた。	12	花嫁
13	不安や**懊悩**が描かれているムンクの『叫び』。	13	おうのう
14	**東山魁夷**は現代日本画の代表的存在だ。	14	ひがしやまかいい
15	楽器には弦楽器・**かん**楽器・打楽器がある。	15	管

3日目 一般教養レベルの芸術漢字 美術と音楽の用語・人名

目標時間 10分
合格点 28点

レベルチェック！
- 28問以上　合格間違いなし！
- 25〜27問　ボーダーライン
- 14〜24問　全問解き直し！
- 13問以下　合格にはほど遠い…

	問題		解答
☐ 16	ピアノの**けんばん**を叩く。	16	鍵盤
☐ 17	譜面台に**がくふ**を立てる。	17	楽譜
☐ 18	ピアノで**れんだん**をする。	18	連弾
☐ 19	**すいそうがくぶ**に入る。	19	吹奏楽部
☐ 20	バイオリン**きょうそうきょく**『四季』。	20	協奏曲
☐ 21	**こうきょうきょく**の父と呼ばれるハイドン。	21	交響曲
☐ 22	リストはピアノの**まじゅつし**と言われる。	22	魔術師
☐ 23	ベートーヴェンは多くの**けっさく**を残した。	23	傑作
☐ 24	バッハは**そっきょうえんそう**の大家だ。	24	即興演奏
☐ 25	モーツァルトは音楽の**しんどう**と呼ばれた。	25	神童
☐ 26	シューベルトは**かきょく**の王と言われる。	26	歌曲
☐ 27	フォスターはアメリカ**みんよう**の父。	27	民謡
☐ 28	『荒城の月』は**たきれんたろう**の作曲。	28	滝廉太郎
☐ 29	**なかやましんぺい**は童謡や歌謡曲の作曲家。	29	中山晋平
☐ 30	**やまだこうさく**は交響曲などを作曲した。	30	山田耕筰

ノーベル賞の人名・用語

一般教養レベルの著名人など

下線部のひらがなを漢字で、漢字をひらがなで書きなさい。

ノーベル賞は、スウェーデンの化学者アルフレッド・ノーベルの 1 **ゆいごん**で作られた世界的な賞である。物理学、化学、生理学・医学、文学、平和、経済学の分野で 2 **けんちょな** 3 **こうせき**を残した人に 4 **おく**られる。 5 **じゅしょうしき**は毎年12月10日に行われる。

	1949年物理学賞	湯川秀樹	6 **そりゅうし**論で中間子の存在を予言
	1965年物理学賞	7 **朝永振一郎**	量子力学のくりこみ理論の完成
	1968年文学賞	川端康成	小説家。『伊豆の 8 **おどりこ**』『雪国』
	1973年物理学賞	9 **江崎玲於奈**	半導体におけるトンネル効果の発見
	1974年平和賞	10 **さとうえいさく**	非核三原則の提唱
	1981年化学賞	福井謙一	化学反応のフロンティア 11 **きどう**理論を発表
	1987年生理学・医学賞	利根川進	12 **めんえきこうたい**の多様性を解明
	1994年文学賞	大江健三郎	叙情と観念が 13 **ゆうごう**した作風
	2000年化学賞	白川英樹	14 **どうでんせい**プラスチックを開発
	2001年化学賞	15 **野依良治**	有用な化合物を作る不斉合成の触媒を開発
	2002年物理学賞	小柴昌俊	ニュートリノの 16 **かんそく**に成功
	2002年化学賞	17 **たなかこういち**	タンパク質の質量分析技術の開発
	2008年物理学賞	南部陽一郎	自発的 18 **たいしょうせい**の破れの理論
	2008年物理学賞	19 **こばやしまこと**	6種類のクォークがあることを予言

76

3日目 ノーベル賞の人名・用語　一般教養レベルの著名人など

目標時間 10分　**合格点** 28点

レベルチェック！
- 28問以上 → 合格間違いなし！
- 25〜27問 → ボーダーライン
- 14〜24問 → 全問解き直し！
- 13問以下 → 合格にはほど遠い…

☐	2008年物理学賞	20 **益川敏英**	こばやし氏と共同受賞
☐	2008年化学賞	下村脩	緑色 21 **けいこう**タンパク質の発見と**はっこう**機構の解明
☐	2010年化学賞	鈴木章	22 **ゆうき**合成のクロスカップリング反応を発見
☐	2010年化学賞	23 **根岸英一**	鈴木氏と共同受賞
☐	2012年生理学・医学賞	24 **やまなかしんや**	iPS細胞（25 **人工多能性幹細胞**）を開発
☐	2014年物理学賞	26 **赤﨑勇**	青色 27 **はっこう**ダイオード（LED）を開発
	2014年物理学賞	天野浩	赤﨑氏と共同受賞
☐	2014年物理学賞	28 **なかむらしゅうじ**	赤﨑氏と共同受賞
☐	2015年生理学・医学賞	29 **大村智**	30 **きせいちゅう**による熱帯感染症に有効な治療法発見

解答

1	遺言	2	顕著	3	功績	4	贈
5	授賞式	6	素粒子	7	ともながしんいちろう		
8	踊子	9	えさきれおな	10	佐藤栄作	11	軌道
12	免疫抗体	13	融合	14	導電性	15	のよりりょうじ
16	観測	17	田中耕一	18	対称性	19	小林誠
20	ますかわとしひで	21	蛍光	22	有機	23	ねぎしえいいち
24	山中伸弥	25	じんこうたのうせいかんさいぼう	26	あかさきいさむ		
27	発光	28	中村修二	29	おおむらさとし	30	寄生虫

理科・数学の用語

一般教養レベルの理数系漢字

下線部のひらがなを漢字で書きなさい。

1. 太陽はあらゆる方向に**でんじは**の放射線を出す。
2. **くうきかい**が上昇すると周囲の気圧は低下する。
3. 対流圏と成層圏との間に**けんかいめん**がある。
4. 溶液を**きしゃく**・混合しても溶質の量は変わらない。
5. 鉄を**しょくばい**として塩素を反応させる。
6. **ちゅうわてきてい**とは酸や塩基の濃度などを測定すること。
7. **しんとうあつ**は溶液の濃度に比例する。
8. Caはアルカリ**どるい**金属だ。
9. 石灰水が**はくだく**する。
10. **なまりちくでんち**は充電可能な二次電池だ。
11. 二酸化**いおう**が発生する。
12. **しげきしゅう**のある気体。
13. **しょうさん**は光で分解する。
14. 花火は**えんしょく**反応を利用している。
15. 原子番号順に**げんそ**を並べた表を周期表という。

解答

1. 電磁波
2. 空気塊
3. 圏界面
4. 希(稀)釈
5. 触媒
6. 中和滴定
7. 浸透圧
8. 土類
9. 白濁
10. 鉛蓄電池
11. 硫黄
12. 刺激臭
13. 硝酸
14. 炎色
15. 元素

目標時間	合格点
10分	24点

レベルチェック！
- 24問以上 　合格間違いなし！
- 19～23問 　ボーダーライン
- 8～18問 　全問解き直し！
- 7問以下 　合格にはほど遠い…

3日目

一般教養レベルの理数系漢字　理科・数学の用語

- [ ] 16　**はんぷくしこう**の確率ととらえて計算する。
- [ ] 17　**ほじょせん**を引いて図形の問題を考える。
- [ ] 18　**にじゅうこんごう**の外し方を学ぶ。
- [ ] 19　**たこうしき**の変数に着目する。
- [ ] 20　任意の整数は**ゆうりすう**として扱うことができる。
- [ ] 21　**いんすうぶんかい**の公式を覚える。
- [ ] 22　**そうじ**な図形の面積比を求める。
- [ ] 23　平均変化率と**びぶんけいすう**の関係について考える。
- [ ] 24　**とうえいず**には平面図と立面図がある。
- [ ] 25　ベクトル**かいせき**の公式を証明する。
- [ ] 26　**しゃせん**部の面積を求める。
- [ ] 27　**そすう**に1は含まれない。
- [ ] 28　**しそく**計算の優先順位。
- [ ] 29　**たいぐう**となる命題を述べる。
- [ ] 30　数学的**きのうほう**を使って証明する。

解答

16	反復試行
17	補助線
18	二重根号
19	多項式
20	有理数
21	因数分解
22	相似
23	微分係数
24	投影図
25	解析
26	斜線
27	素数
28	四則
29	対偶
30	帰納法

コラム ❸ 敬語の使い方

次の**敬語**の<u>下線部</u>を<u>漢字</u>にしなさい。（一部送り仮名をつけるものがあります）

- ☐ 1　知る ➡ <u>しょうちする</u>（謙譲語）
- ☐ 2　食べる ➡ <u>めしあがる</u>（尊敬語）
- ☐ 3　食べる ➡ <u>ちょうだいする</u>（謙譲語）
- ☐ 4　食べる ➡ <u>ごちそうになる</u>（謙譲語）
- ☐ 5　行く ➡ <u>まいります</u>（丁寧語）
- ☐ 6　見る ➡ <u>ごらんになる</u>（尊敬語）
- ☐ 7　見る ➡ <u>はいけんする</u>（謙譲語）
- ☐ 8　聞く ➡ <u>はいちょうする</u>（謙譲語）
- ☐ 9　受け取る ➡ <u>ちょうだいする</u>（謙譲語）
- ☐ 10　受け取る ➡ <u>たまわる</u>（謙譲語）
- ☐ 11　思う ➡ <u>はいさつする</u>（謙譲語）
- ☐ 12　考える ➡ <u>ごこうさつなさる</u>（尊敬語）
- ☐ 13　家 ➡ <u>おんたく</u>（尊敬語）
- ☐ 14　家 ➡ <u>せったく</u>（謙譲語）
- ☐ 15　会社 ➡ <u>きしゃ</u>（尊敬語）
- ☐ 16　会社 ➡ <u>へいしゃ</u>（謙譲語）

解答

1　承知する	2　召し上がる
3　頂戴する	4　ご馳走になる
5　参ります	6　ご覧になる
7　拝見する	8　拝聴する
9　頂戴する	10　賜る
11　拝察する	12　ご高察なさる
13　御宅	14　拙宅
15　貴社	16　弊社

4日目

教育史・教育心理・教育原理の漢字

[教職教養レベル]

日本の教育史

教職教養必須の漢字

A群の漢字の読みを書き、さらに関連性のあるものをB群から選んでその読みも答えなさい。

A群

- 1 空海
- 2 最澄
- 3 藤原明衡
- 4 石上宅嗣
- 5 橘氏
- 6 在原行平
- 7 慈円
- 8 上杉憲実
- 9 道元
- 10 北条実時

B群

- ⓐ 足利学校
- ⓑ 学館院
- ⓒ 『愚管抄』
- ⓓ 奨学院
- ⓔ 綜芸種智院
- ⓕ 『明衡往来』
- ⓖ 『山家学生式』
- ⓗ 『正法眼蔵』
- ⓘ 金沢文庫
- ⓙ 芸亭

解答

1 くうかい ……… ⓔ しゅげいしゅちいん
2 さいちょう ……… ⓖ さんげがくしょうしき
3 ふじわらのあきひら ……… ⓕ めいごうおうらい
4 いそのかみのやかつぐ ……… ⓙ うんてい
5 たちばなし ……… ⓑ がっかんいん
6 ありわらのゆきひら ……… ⓓ しょうがくいん
7 じえん ……… ⓒ ぐかんしょう
8 うえすぎのりざね ……… ⓐ あしかががっこう
9 どうげん ……… ⓗ しょうぼうげんぞう
10 ほうじょうさねとき ……… ⓘ かねさわ（かなざわ）ぶんこ

4日目 日本の教育史 — 教職教養必須の漢字

目標時間 5分　**合格点** 17点

レベルチェック！
- 17問以上　合格間違いなし！
- 14〜16問　ボーダーライン
- 3〜13問　全問解き直し！
- 2問以下　合格にはほど遠い…

A群の漢字の読みを書き、さらに関連性のあるものをB群から選んでその読みも答えなさい。

A群
- 1　林羅山
- 2　熊沢蕃山
- 3　伊藤仁斎
- 4　貝原益軒
- 5　新井白石
- 6　荻生徂徠
- 7　石田梅岩
- 8　広瀬淡窓
- 9　塙保己一
- 10　緒方洪庵

B群
- ⓐ『読史余論』
- ⓑ『都鄙問答』
- ⓒ『群書類従』
- ⓓ 弘文館
- ⓔ『大学或問』
- ⓕ 古義堂
- ⓖ 蘐園塾
- ⓗ 咸宜園
- ⓘ 適々斎塾
- ⓙ『和俗童子訓』

解答
1　はやしらざん……ⓓ こうぶんかん
2　くまざわばんざん……ⓔ だいがくわくもん
3　いとうじんさい……ⓕ こぎどう
4　かいばらえきけん……ⓙ わぞくどうじくん
5　あらいはくせき……ⓐ とくしよろん
6　おぎゅうそらい……ⓖ けんえんじゅく
7　いしだばいがん……ⓑ とひもんどう
8　ひろせたんそう……ⓗ かんぎえん
9　はなわほきいち……ⓒ ぐんしょるいじゅう
10　おがたこうあん……ⓘ てきてきさいじゅく

教職教養必須の漢字
日本の教育史の人名

読み　月　日

下線部の人物の名前の読みを書きなさい。

- ☐ 1 **福沢諭吉**……慶応義塾の創立者。著書『学問のすゝめ』。
- ☐ 2 **元田永孚**……『教育勅語』の起草にかかわる。著書『教学聖旨』。
- ☐ 3 **大隈重信**……東京専門学校（現在の早稲田大学）を創設。
- ☐ 4 **新島襄**………同志社英学校（現在の同志社大学）を創設。
- ☐ 5 **森有礼**………初代文部大臣。近代学校体系の枠組みを確立。
- ☐ 6 **井上毅**………学制全般にわたる教育改革を進めた。
- ☐ 7 **伊藤博文**……初代総理大臣。教育の役割を重視した。
- ☐ 8 **下田歌子**……実践女学校（現在の実践女子大学）を創設。
- ☐ 9 **成瀬仁蔵**……日本女子大学校を創設。近代女子教育の方法を明示。
- ☐ 10 **内村鑑三**……キリスト教思想家。教育勅語不敬事件を起こす。
- ☐ 11 **新渡戸稲造**…農政学者、思想家、教育者。著書『武士道』。
- ☐ 12 **岡倉天心**……明治美術界の指導者、思想家。
- ☐ 13 **谷本富**………教育学者。著書『実用教育学及教授法』。
- ☐ 14 **津田梅子**……女子教育に貢献。のちの津田塾大学を開く。
- ☐ 15 **澤柳政太郎**…新教育運動の指導者。私立成城小学校を設立。

解答

1 ふくざわゆきち	2 もとだながざね	3 おおくましげのぶ
4 にいじまじょう	5 もりありのり	6 いのうえこわし
7 いとうひろぶみ	8 しもだうたこ	9 なるせじんぞう
10 うちむらかんぞう	11 にとべいなぞう	12 おかくらてんしん
13 たにもととめり	14 つだうめこ	15 さわやなぎまさたろう

目標時間	合格点
5分	26点

レベルチェック！
- 26問以上　合格間違いなし！
- 23～25問　ボーダーライン
- 12～22問　全問解き直し！
- 11問以下　合格にはほど遠い…

4日目

教職教養必須の漢字　日本の教育史の人名

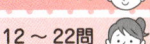

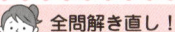

- ☐ 16 **嘉納治五郎**…教育家、柔道家。近代柔道発展の基礎を築く。
- ☐ 17 **芦田恵之助**…国語教育者。作文教育で「随意選題」を提唱。
- ☐ 18 **羽仁**もと子…女子教育家。自由学園を創設。
- ☐ 19 **乙竹岩造**……日本教育史の研究者。著書『日本庶民教育史』。
- ☐ 20 **手塚岸衛**……自由教育を推進。雑誌『自由教育』を創刊。
- ☐ 21 **鈴木三重吉**…『赤い鳥』を創刊。生活綴方運動の先駆者。
- ☐ 22 **山本鼎**………大正期の自由画教育運動を推進した。
- ☐ 23 **倉橋惣三**……幼児教育家。日本の幼児教育の父。
- ☐ 24 **西山哲治**……中流以上の子弟対象の私立帝国小学校を創設。
- ☐ 25 **小原國芳**……新教育運動の中心的人物。玉川学園創設者。
- ☐ 26 **小倉金之助**…大正時代の数学教育の改革を指導した研究者。
- ☐ 27 **赤井米吉**……日本にドルトン・プランを紹介した。
- ☐ 28 **岡田良平**……大正～昭和初期の文部大臣。教科書国定化など。
- ☐ 29 **山下徳治**……昭和初期のプロレタリア教育運動を推進した。
- ☐ 30 **小砂丘忠義**…生活綴方運動を実践的に指導した。

解答

16	かのうじごろう	17	あしだえのすけ	18	はに
19	おとたけいわぞう	20	てづかきしえ	21	すずきみえきち
22	やまもとかなえ	23	くらはしそうぞう	24	にしやまてつじ
25	おばらくによし	26	おぐらきんのすけ	27	あかいよねきち
28	おかだりょうへい	29	やましたとくじ	30	ささおかただよし

85

読み 教職教養必須の漢字
西洋教育史の人物

下線部の漢字の読みを書きなさい。

西洋教育史の人物 1

●コメニウス（1592～1670）
チェコの教育思想家。天文学、自然学、宗教学などの知識を **1 汎知学**（パンソフィア）として体系化。著書『**2 世界図絵**』『大教授学』。

●ジョン・ロック（1632～1704）
イギリスの哲学者。「人間は **3 生得観念**を一切持たない **4 白紙**（タブラ・ラサ）であり、教育の役割はそこにさまざまな観念を書き込むことである」と主張。著書『**5 人間悟性論**』。

●ルソー（1712～1778）
フランスの思想家、作家。年齢に先んじた教育が悪へと変貌するのを避けるため、**6 消極教育**を主張。子どもの発見者と言われる。著書『**7 人間不平等起源論**』『**8 社会契約論**』『エミール』。

●ペスタロッチ（1746～1827）
スイスの教育学者。**9 感覚的直観**を重視した直観教授法を唱える。**10 児童養護施設**を経営。「**11 玉座**の高きにあっても、木の葉の屋根の陰に住まっても同じ人間」と主張。著書『**12 隠者の夕暮**』。

解答

1 はんちがく	2 せかいずえ	3 せいとくかんねん
4 はくし	5 にんげんごせいろん	6 しょうきょくきょういく
7 にんげんふびょうどうきげんろん		8 しゃかいけいやくろん
9 かんかくてきちょっかん		10 じどうようごしせつ
11 ぎょくざ	12 いんじゃのゆうぐれ	

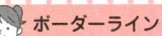

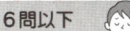

西洋教育史の人物2

下線部の漢字の読みを書きなさい。

●フレーベル（1782～1852）

ドイツの教育学者。「一般ドイツ幼稚園」を □1 **創設**。教育用の □2 **玩具**、□3 **恩物**を考案。しかし、幼稚園教育が社会主義につながると □4 **危惧**した政府により、□5 **禁圧**された。

●デューイ（1859～1952）

アメリカの哲学者、教育学者。経験主義の教育を実践。□6 **問題解決学習**の理論的な □7 **支柱**となる。

●モンテッソーリ（1870～1952）

イタリアの医師、幼児教育者。障害児の □8 **治療教育**などを行った。

●ヘルバルト（1776～1841）

ドイツの教育学者。□9 **明瞭**、連合、□10 **系統**、方法の4段階教授法を唱える。

●ケイ（1849～1926）

スウェーデンの女性思想家。□11 **児童中心主義**を主張。

●パーカースト（1887～1973）

アメリカの女性教育者。教師が生徒と契約を結び、生徒は遂行すべき配当表に □12 **依拠**し学習するドルトン・プランを実践。

解答

1 そうせつ	2 がんぐ	3 おんぶつ	4 きぐ	5 きんあつ
6 もんだいかいけつがくしゅう	7 しちゅう	8 ちりょうきょういく
9 めいりょう	10 けいとう	11 じどうちゅうしんしゅぎ	12 いきょ

教職教養必須の漢字
教育心理学の人物①

下線部のひらがなを漢字で書きなさい。

教育心理学の人物1

●イタール（1774～1838）

フランスの医学者。アヴェロンの森で発見された野生児に、言語を □1 **かくとく** させることの困難さを『アヴェロンの野生児』に記す。『耳及び □2 **ちょうかく** の □3 **しっかん**』を発表。精神障害児教育や □4 **ろうあきょういく** に取り組んだ。

●フロイト（1856～1939）

オーストリアの神経病学者。精神分析の創始者。□5 **しんそう** 心理学の体系と神経症の治療に □6 **じゆうれんそうほう** を取り入れ、□7 **せいしんりょうほう** の確立にも尽くした。□8 **せいしょうどう** が発達の原動力と考え、性的発達段階説を提唱。乳児期から青年期までの時期を、□9 **こうしんき**、□10 **こうもんき**、□11 **だんこんき**、□12 **せんぷくき**、性器期に分けた。

解答

1 獲得	2 聴覚	3 疾患	4 聾唖教育
5 深層	6 自由連想法	7 精神療法	8 性衝動
9 口唇期	10 肛門期	11 男根期	12 潜伏期

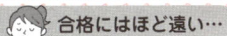

教育心理学の人物 2

●パブロフ （1849～1936）
ロシアの生理学者。犬を □1 **ひけんたい**として、□2 **じょうけんはんしゃがく**の研究を行い、その後の学習心理学などの発展に貢献した。

●ソーンダイク （1874～1949）
アメリカの心理学者。問題解決の学習は、□3 **しこうさくご**によってなされるとし、□4 **きょういくじしょう**の客観的な □5 **そくてい**に尽くした。

●ロールシャッハ （1884～1922）
スイスの精神医学者。□6 **とうえいほう**による性格検査、ロールシャッハテストを考案。□7 **きていいん**、内容などを分析の観点とする。

●ピアジェ （1896～1980）
スイスの児童心理学者。認識発生の □8 **じっしょうてきけんきゅう**を行い、知能の発達段階を分類。感覚運動期（0～2歳）には、感覚と運動を □9 **きょうおう**させて対象を認識。□10 **ぜんそうさき**（2～7歳）は、□11 **ひょうしょうてき**思考。□12 **ぐたいてき**操作期（7～11歳、12歳）は、目の前の**ぐたい**物について論理的思考ができるなどと区分した。

解答

1	被験体	2	条件反射学	3	試行錯誤	4	教育事象
5	測定	6	投影法	7	規定因	8	実証的研究
9	協応	10	前操作期	11	表象的	12	具体的

教育心理学の人物②

教職教養必須の漢字

下線部の漢字の読みを書きなさい。

教育心理学の人物3

●ブルーナー（1915～2016）

アメリカの発達心理学者。学習者の発達段階に応じて、繰り返し同じ内容を学習させる □1 **螺旋型**カリキュラムを提唱した。

●ブルーム（1913～1999）

アメリカの教育学者。教育評価の3類型（□2 **診断的**評価、□3 **形成的**評価、□4 **総括的**評価）、□5 **完全習得学習**などを提唱。カリキュラム学者として知られる。

●スキナー（1904～1990）

アメリカの心理学者。ティーチング・マシンを使ったプログラム学習を提唱。教育の科学化や □6 **一斉授業**の □7 **弊害**を取り除く、教育の □8 **個別化**に □9 **貢献**した。

●マズロー（1908～1970）

アメリカの □10 **臨床心理**学者。人間の自然な □11 **欲求**に関する研究。欲求の □12 **階層説**で知られる。

解答

1	らせんがた	2	しんだんてき	3	けいせいてき
4	そうかつてき	5	かんぜんしゅうとくがくしゅう		
6	いっせいじゅぎょう	7	へいがい	8	こべつか
9	こうけん	10	りんしょうしんり	11	よっきゅう
12	かいそうせつ				

教職教養必須の漢字 教育心理学の人物②

4日目

目標時間 5分 / 合格点 21点

レベルチェック！
- 21問以上 合格間違いなし！
- 18〜20問 ボーダーライン
- 7〜17問 全問解き直し！
- 6問以下 合格にはほど遠い…

👓 下線部の漢字の**読み**を書きなさい。

教育心理学の人物4

●エリクソン（1902〜1994）

ドイツ生まれの精神分析学者。人間の発達は、さまざまな刺激を受けて ☐1 **漸次**発現し、形成されると、☐2 **漸成論**を唱える。自我の発達的危機を、心理的・社会的側面から考察し、「基本的信頼と基本的不信」、「自我の完全性と ☐3 **絶望**」の段階に分け、☐4 **拮抗**する ☐5 **力動的**関係として考察した。アイデンティティ（☐6 **自我同一性**）の概念は、心理学や社会学などに大きな影響を与えた。

●ロジャース（1902〜1987）

アメリカの臨床心理学者。☐7 **非指示的**心理療法。☐8 **来談者**中心の心理療法を創案した。

●シュテルン（1871〜1938）

ドイツの心理学者。☐9 **輻輳説**を説いた。人間の発達の ☐10 **様相**は、遺伝要因と環境要因の相互作用により規定され、遺伝か環境かの ☐11 **二者択一**ではなく、☐12 **協同的**役割を果たすと説いた。

解答

1 ぜんじ	2 ぜんせいろん	3 ぜつぼう
4 きっこう	5 りきどうてき	6 じがどういつせい
7 ひしじてき	8 らいだんしゃ	9 ふくそうせつ
10 ようそう	11 にしゃたくいつ	12 きょうどうてき

教員採用

教職教養必須の漢字

書き　月　日

下線部のひらがなを漢字で書きなさい。

教員採用に関する課題

　豊かな知識や□1 **しきけん**、幅広い□2 **しや**を持ち個性豊かでたくましい人材や特定の教科や指導法についてより高い専門性を持った人材を教員として□3 **かくほ**する必要がある。

　□4 **たよう**で□5 **ためんてき**な□6 **せんこう**方法を□7 **そくしん**するため、各教育委員会が実施する採用**せんこう**試験への支援方策が必要である。

　教員の採用に当たって、学校内における□8 **ねんれいこうせい**の□9 **きんこう**に□10 **はいりょ**し検討することが必要である。

　都道府県教育委員会等は、これまでも人物を重視した採用**せんこう**を実施しており、真に教員としての□11 **てきかくせい**を有する人材の**かくほ**に努めているところである。

　さらに、大量退職・大量採用の影響などにより、地域や学校によっては、30代、40代の教員の数が□12 **きょくたん**に少なく、学校内における**ねんれいこうせい**の不**きんこう**が生じている。

［「これからの学校教育を担う教員の**ししつ**能力の向上について（答申）」より作成］

解答

1 識見	2 視野	3 確保	4 多様
5 多面的	6 選考	7 促進	8 年齢構成
9 均衡	10 配慮	11 適格性	12 極端

4日目 教職教養必須の漢字 教員採用

目標時間 10分　合格点 18点

レベルチェック！
- 18問以上　合格間違いなし！
- 13～17問　ボーダーライン
- 2～12問　全問解き直し！
- 1問以下　合格にはほど遠い…

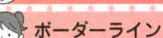

下線部のひらがなを漢字で書きなさい。

学校インターンシップの導入

☐1 **きょういんようせいけい**の学部や学科を中心に、教職課程の学生に、学校現場において教育活動や☐2 **こうむ**、部活動などに関する支援や☐3 **ほじょぎょうむ**など学校における諸活動を体験させるための学校インターンシップや学校ボランティアなどの取組が定着しつつある。

これらの取組は、学生が長期間にわたり☐4 **けいぞくてき**に学校現場等で体験的な活動を行うことで、学校現場をより深く知ることができ、☐5 **きそん**の教育実習と☐6 **あい**まって、理論と☐7 **じっせん**の☐8 **おうかん**による**じっせん**的指導力の基礎の育成に有効である。また、学生がこれからの教員に求められる☐9 **ししつ**を理解し、自らの教員としての適格性を把握するための機会としても☐10 **ゆういぎ**であると考える。さらに、学生を受け入れる学校側においても学校の様々な活動を支援する地域人材の**かくほ**の☐11 **かんてん**から☐12 **ゆうえき**であることが考えられる。

［「これからの学校教育を担う教員の**ししつ**能力の向上について（答申）」より作成］

解答

1	教員養成系	2	校務	3	補助業務	4	継続的
5	既存	6	相	7	実践	8	往還
9	資質	10	有意義	11	観点	12	有益

93

教職教養必須の漢字
人権教育

下線部のひらがなを漢字で書きなさい。
（一部送り仮名をつけるものがあります）

人権教育　☐1 **どうわ**問題

　どうわ問題に関する ☐2 **さべつ**意識については、「**どうわ**問題の ☐3 **そうきかいけつ**に向けた今後の ☐4 **ほうさく**について（平成8年7月26日閣議決定）」に基づき、人権教育・☐5 **けいはつ**の事業を推進することにより、その解消を図っていく。

（文部科学省、法務省）

　どうわ問題に関しては、結婚や ☐6 **しゅうしょく**等における**さべつ**、**さべつ** ☐7 **らくがき**、インターネットを利用した**さべつ**情報の ☐8 **けいさい**等の問題があるが、そのような ☐9 **じあん**が発生した場合には、☐10 **じんけんしんぱんじけん**としての調査・処理や人権相談の対応など当該**じあん**に応じた ☐11 **てきせつ**な解決を図るとともに、関係者に対し**どうわ**問題に対する正しい認識と理解を深めるための**けいはつ**活動を ☐12 **じっし**する。

［「人権教育・**けいはつ**に関する基本計画（平成14年3月15日 閣議決定）」より作成］

解答

1 同和	2 差別	3 早期解決	4 方策
5 啓発	6 就職	7 落書き	8 掲載
9 事案	10 人権侵犯事件	11 適切	12 実施

4日目 教職教養必須の漢字 人権教育

目標時間 10分　**合格点** 18点

レベルチェック！
- 18問以上　合格間違いなし！
- 13～17問　ボーダーライン
- 2～12問　全問解き直し！
- 1問以下　合格にはほど遠い…

下線部のひらがなを漢字で書きなさい。

人権教育　国際化

近年の ☐1 **こくさいか** 時代を ☐2 **はんえい** して、我が国に ☐3 **ざいりゅう** する外国人は年々 ☐4 **きゅうぞう** している。日本国憲法は、権利の性質上、日本国民のみを ☐5 **たいしょう** としていると ☐6 **かい** されるものを除き、我が国に在留する外国人についても、等しく基本的人権の ☐7 **きょうゆう** を ☐8 **ほしょう** しているところであり、政府は、外国人の平等の権利と機会の**ほしょう**、他国の文化・価値観の尊重、外国人との ☐9 **きょうせい** に向けた ☐10 **そうごりかい** の増進等に取り組んでいる。

［「人権教育・**けいはつ**に関する基本計画（平成14年3月15日 閣議決定）」より作成］

文部科学省では、都道府県等を通じて、学校教育関係者や社会教育関係者に対して、☐11 **じどうぎゃくたい** の防止に向けた取組の推進に関する通知を ☐12 **はっしゅつ** するとともに、各種会議等を通じて**そうき**発見努力義務及び通告義務等について周知の徹底を図っている。

［「平成23年版 人権教育・**けいはつ**白書」より作成］

解答

1 国際化	2 反映	3 在留	4 急増
5 対象	6 解	7 享有	8 保障
9 共生	10 相互理解	11 児童虐待	12 発出

教職教養必須の漢字
特別支援教育

下線部のひらがなを漢字で書きなさい。
（一部送り仮名をつけるものがあります）

特別支援教育

特別支援教育は、知的な **1 おくれ** のない発達障害も含めて、特別な支援を必要とする幼児児童生徒が **2 ざいせき** するすべての学校において実施される。以前は、**3 とくしゅきょういく** とよんでいた。

特別支援教育は、障害のある幼児児童生徒の自立や社会参加に向けた **4 しゅたいてき** な取り組みを支援するという **5 してん** に立ち、一人一人の教育的ニーズを **6 はあく** し、生活や学習上の困難を **7 かいぜん** または **8 こくふく** するための適切な指導及び必要な支援を行う。障害のある人が教育制度一般から **9 はいじょ** されないこと、自己の生活する地域において、初等中等教育の機会が与えられること、**10 ごうりてきはいりょ** が提供されること等が必要とされている。

● インクルーシブ教育は、障害児も含めた人の多様な違いを認め、障害のある人もない人もともに可能な限り学ぶ、**11 ほうかつ** 的な教育のこと。**ほうかつ**・**12 ほうがん** を意味する言葉「inclusion」からきている。

［「インクルーシブ教育システム構築事業」（文部科学省）などを参考に作成］

解答

1 遅れ	2 在籍	3 特殊教育	4 主体的
5 視点	6 把握	7 改善	8 克服
9 排除	10 合理的配慮	11 包括	12 包含

特別支援教育

- 障害の状態を踏まえた指導の方法等について指導・助言する □1 **りがくりょうほうし**、□2 **さぎょうりょうほうし**、□3 **げんごちょうかくし**や心理学専門家等の確保。
- □4 **ほちょうき**などの**ほちょう**環境の整備。
- 医療的支援体制（医療機関との連携、指導医、□5 **かんごし**の配置等）の整備。
- 入院、定期受診等により授業に参加できなかった期間の学習内容の□6 **ほかん**。
- 教室での□7 **かくだいどくしょき**や□8 **しょけんだい**の利用、十分な光源の確保と調整（□9 **じゃくし**）。
- □10 **こうおんしょうがい**等により発音が□11 **ふめいりょう**な場合、スピーチについての**はいりょ**。
- LD、ADHD、自閉症等の発達障害がある場合、口頭による指導だけでなく、□12 **ばんしょ**、メモ等による情報掲示。

解答

1	理学療法士	2	作業療法士	3	言語聴覚士	4	補聴器
5	看護師	6	補完	7	拡大読書器	8	書見台
9	弱視	10	構音障害	11	不明瞭	12	板書

教職教養必須の漢字
適応指導／非行

下線部のひらがなを漢字で書きなさい。

適応指導教室

　適応指導教室とは、教育委員会が不登校児童生徒等に対する適切な支援を行うために設置する□1 **しせつ**のことで、教育支援センターともいう。

　不登校児童生徒の集団生活への適応、□2 **じょうちょ**の安定、基礎学力の□3 **ほじゅう**、□4 **きほんてきせいかつしゅうかん**の改善等のための相談・適応指導（学習指導を含む。以下同じ）を行うことにより、その□5 **がっこうふっき**を支援し、もって不登校児童生徒の社会的自立に資することを基本とする。

　指導員は、相談・適応指導、学習指導等に必要な知識及び経験又は□6 **ぎのう**を有し、かつその□7 **しょくむ**を行うに必要な□8 **ねつい**と識見を有するものをあてるものとする。

　指導員等は、不登校児童生徒の□9 **たいよう**に応じ、その支援のため、□10 **ざいせきこう**との□11 **きんみつ**な連携を行うものとする（定期的な□12 **れんらくきょうぎかい**、支援の進め方に関するコーディネート等の専門的な指導等）。

［文部科学省「教育支援センター（適応指導教室）整備指針（試案）」より作成］

解答

1 施設	2 情緒	3 補充	4 基本的生活習慣
5 学校復帰	6 技能	7 職務	8 熱意
9 態様	10 在籍校	11 緊密	12 連絡協議会

少年非行の定義と原因

　非行を狭くとらえた定義としては、少年法第3条に規定されるものがある。これは **1 かていさいばんしょ** が **2 しんぱん** の対象としたり、**3 けいさつ** が **4 けんきょ** したりする場合などに用いられる重要なものである。この場合、非行少年は三つに分類される。

① 14歳以上で犯罪を行った少年（犯罪少年）
② 14歳未満で犯罪少年と同じ行為、つまり、**5 けいばつほうれい** に **6 ふれる** 行為を行ったが、年齢が低いため罪を犯したことにならない少年（**7 しょくほう** 少年）
③ 犯罪や**しょくほう**まではいかないが、具体的な問題行為があって犯罪少年や**しょくほう**少年になる可能性の高い少年（**8 ぐはん** 少年）

　非行に走る原因として、友人関係では、社会的な **9 きはん** から **10 いつだつ** した友人の存在が指摘されている。個人の要因では、多動、行動のコントロールが苦手など **11 しょうどうせい** の高さや **12 じことうせい** の低さが非行のリスク要因とされる。

［「生徒指導提要」（文部科学省）より作成］

解答

1	家庭裁判所	2	審判	3	警察	4	検挙
5	刑罰法令	6	触れて	7	触法	8	虞犯
9	規範	10	逸脱	11	衝動性	12	自己統制

読み 教職教養必須の漢字
子どもの事件・事故・障害

下線部の漢字の読みを書きなさい。

子どもの深刻な事件や事故

児童生徒の命にかかわる深刻な事件や事故が続いている。いじめ・1 **暴力行為**・薬物乱用・2 **自傷行為**・自殺など、他人や自分自身を傷つける児童生徒が増えている。

- 自殺の 3 **危険因子** が考えられる要素　どのような子どもに自殺の危険が 4 **迫って** いるのか？
- 5 **自殺未遂歴** （自らの身体を傷つけたことがある）
- 心の病（うつ病、6 **統合失調症**、摂食障害など）
- 安心感の持てない家庭環境（虐待、親の心の病、家族の 7 **不和**、過保護・8 **過干渉** など）
- 独特の性格傾向（完全主義、9 **二者択一思考**、衝動的など）
- 10 **喪失体験** （本人にとって価値あるものを喪う経験）
- 孤立感（特に友だちとのあつれき、いじめ）
- 11 **事故傾性** （無意識の 12 **破壊行動**）

（「教師が知っておきたい子どもの自殺予防」2009年などより作成）

解答

1 ぼうりょくこうい	2 じしょうこうい	3 きけんいんし
4 せまって	5 じさつみすいれき	6 とうごうしっちょうしょう
7 ふわ	8 かかんしょう	9 にしゃたくいつしこう
10 そうしつたいけん	11 じこけいせい	12 はかいこうどう

目標時間	合格点
5分	21点

レベルチェック！
- 21問以上　合格間違いなし！
- 18〜20問　ボーダーライン
- 7〜17問　全問解き直し！
- 6問以下　合格にはほど遠い…

4日目

教職教養必須の漢字 子どもの事件・事故・障害

下線部の漢字の読みを書きなさい。

摂食障害

摂食障害は、思春期から青年期に 1 **好発**する病気である。背景には、2 **成熟嫌悪**や拒否のほか、最近では、3 **痩せて**いることに 4 **優越感**を持ち、価値を見出す「**痩せ** 5 **礼賛**」の文化も指摘される。

おもに食事制限をして極端に**痩せる** 6 **拒食期**と、むさぼるように食べる 7 **過食期**がある。拒食症には、ほとんど食事をとらない、不食、食事量が少ない小食がある。過食した後に 8 **下剤**や 9 **利尿剤**を 10 **濫用**する 11 **排出行為**を繰り返して、体重を維持することもある。拒食期と過食期のある神経性無食欲症や、過食・ 12 **嘔吐**を反復する神経性大食症などがある。

[「生徒指導提要」（文部科学省）より作成]

解答

1	こうはつ	2	せいじゅくけんお	3	やせて
4	ゆうえつかん	5	らいさん	6	きょしょくき
7	かしょくき	8	げざい	9	りにょうざい
10	らんよう	11	はいしゅつこうい	12	おうと

教職教養必須の漢字
いじめ問題

下線部のひらがなを漢字で書きなさい。
（一部送り仮名をつけるものがあります）

いじめ問題の理解

☐ 1 **そしきてき**対応の進め方

　いじめを ☐ 2 **はあく**したら、関係者が話し合い、対応チーム（生徒指導主事、教育相談担当者、養護教諭、学年主任、担任などで ☐ 3 **こうせい**）を組織し、指導方針を ☐ 4 **きょうつうりかい**した上で ☐ 5 **やくわりぶんたん**し ☐ 6 **じんそく**な対応を進める。いじめられている児童生徒には「絶対に守る」という学校の ☐ 7 **いし**を伝え、心のケアと ☐ 8 **あわせて**登下校時や休み時間、☐ 9 **せいそう**時間などの ☐ 10 **あんぜんかくほ**に努める。必ず保護者との連携を ☐ 11 **はかり**、対応策について十分に説明し、☐ 12 **りょうしょう**を得ることも忘れてはならない。

解答

1	組織的	2	把握	3	構成	4	共通理解
5	役割分担	6	迅速	7	意思	8	併せて
9	清掃	10	安全確保	11	図り	12	了承

教職教養必須の漢字 いじめ問題 4日目

目標時間 10分
合格点 18点

レベルチェック！
- 18問以上　合格間違いなし！
- 13～17問　ボーダーライン
- 2～12問　全問解き直し！
- 1問以下　合格にはほど遠い…

　いじめの内容によっては、教育委員会や警察との連携協力を行うことも必要になる。1 **かがいしゃ**が特定できたら、個別に指導していじめの 2 **ひ**に気づかせ、3 **ひがいしゃ**への 4 **しゃざい**の気持ちを 5 **じょうせい**させる。6 **ていねい**に個別指導を行った上で 7 **とうじしゃ**を交えて話し合い、被害者本人と保護者の 8 **りょうしょう**が得られたら、9 **さいはつぼうし**へのねらいを含めた学級や学年全体への指導を行う。いじめが解決したと思われた後も、学校が知らないところで 10 **いんしつ**ないじめが 11 **けいぞく**していたという事例もみられるので、卒業まで定期的に話し合う機会を持つなどの 12 **はいりょ**も必要である。

［「生徒指導提要」（文部科学省）より作成］

解答

1	加害者	2	非	3	被害者	4	謝罪
5	醸成	6	丁寧	7	当事者	8	了承
9	再発防止	10	陰湿	11	継続	12	配慮

教職教養必須の漢字
心理

下線部のひらがなを漢字で書きなさい。

心理検査

　心理検査には、☐1 **ちのう**検査、☐2 **てきせい**検査、パーソナリティー検査がある。パーソナリティー検査には、☐3 **しつもんしほう**、☐4 **とうえいほう**、☐5 **さぎょうけんさほう**、☐6 **ひょうていほう**がある。

　しつもんしほうには、日本の☐7 **やたべたつろう**とギルフォードが☐8 **そうあん**した検査法もある。**とうえいほう**には、ロールシャッハテストや、☐9 **かいがとうかく**テストなどがある。

　さぎょうけんさほうには、☐10 **うちだゆうざぶろう**とクレペリンが**そうあん**した検査法がある。

　ひょうていほうは、☐11 **かんさつ**や面接の資料から、個人の**ちのう**や人格を一定の☐12 **しゃくど**で**ひょうてい**する。

解答

1 知能	2 適性	3 質問紙法	4 投影法
5 作業検査法	6 評定法	7 矢田部達郎	8 創案
9 絵画統覚	10 内田勇三郎	11 観察	12 尺度

適応機制

適応は、個人と環境との関係を表す <u>1 がいねん</u>で、個人の欲求が周囲の環境と調和し、満足している状態をいう。

適応機制は、無意識のうちに <u>2 よっきゅうふまん</u>や不快なことを回避したり、解消させたりすることで、安定性を取り戻し、自分を守るはたらきである。<u>3 ぼうえいきせい</u>ともいう。合理化、<u>4 とうしゃ</u>（投影）、<u>5 どういつし</u>、<u>6 よくあつ</u>（<u>7 よくせい</u>）、<u>8 ほしょう</u>、<u>9 だいしょう</u>（置換）、転換、<u>10 しょうか</u>、<u>11 たいこう</u>、<u>12 とうひ</u>、反動形成等がある。

解答

1	概念	2	欲求不満	3	防衛機制	4	投射
5	同一視	6	抑圧	7	抑制	8	補償
9	代償	10	昇華	11	退行	12	逃避

感染症・健康診断

教職教養必須の漢字

読み

下線部の漢字の読みを書きなさい。

学校感染症の種類

学校において予防すべき ☐**1 感染症**の種類には、第一種から第三種まである。

第一種は、☐**2 急性灰白髄炎**（ポリオ）、☐**3 重症急性呼吸器症候群**（病原体がSARSコロナウイルスであるものに限る）等で、インフルエンザ、☐**4 百日咳**、麻しん、☐**5 流行性耳下腺炎**、風しん、☐**6 水痘**、☐**7 咽頭結膜熱**、結核及び ☐**8 髄膜炎菌性髄膜炎**等は、第二種に含まれる。

☐**9 細菌性赤痢**、☐**10 流行性角結膜炎**、☐**11 腸管出血性大腸菌感染症**、急性出血性結膜炎その他の感染症は第三種に指定されている。

☐**12 伝染性膿痂疹**（とびひ）等は、その他の感染症とされているが、第三種の感染症として扱われる場合もある。

解答

1	かんせんしょう	2	きゅうせいかいはくずいえん
3	じゅうしょうきゅうせいこきゅうきしょうこうぐん		
4	ひゃくにちぜき	5	りゅうこうせいじかせんえん
6	すいとう	7	いんとうけつまくねつ
8	ずいまくえんきんせいずいまくえん	9	さいきんせいせきり
10	りゅうこうせいかくけつまくえん		
11	ちょうかんしゅっけつせいだいちょうきんかんせんしょう		
12	でんせんせいのうかしん		

目標時間	合格点
5分	21点

レベルチェック！
- 21問以上 合格間違いなし！
- 18〜20問 ボーダーライン
- 7〜17問 全問解き直し！
- 6問以下 合格にはほど遠い…

4日目

教職教養必須の漢字 **感染症・健康診断**

👓 **下線部の漢字**の**読み**を書きなさい。

就学時の健康診断

　就学時の健康診断は、学校保健安全法施行規則に沿って進められる。

　栄養状態は、皮膚の □1 **色沢**、□2 **皮下脂肪**の充実、□3 **筋骨**の発達、□4 **貧血**の有無等について検査し、栄養不良又は □5 **肥満傾向**で特に注意を要する者の発見につとめる。

　□6 **脊柱**の疾病及び異常の有無は、形態等について検査し、側わん症等に注意する。

　□7 **胸郭**の異常の有無は、形態及び発育について検査する。

　視力は、国際標準に準拠した視力表を用いて左右各別に □8 **裸眼視力**を検査し、眼鏡を使用している者については、当該眼鏡を使用している場合の □9 **矯正視力**についても検査する。眼の疾病及び異常の有無は、感染性 □10 **眼疾患**その他の □11 **外眼部疾患**及び □12 **眼位**の異常等に注意する。

（「学校保健安全法施行規則」より作成）

解答

1 しきたく	2 ひかしぼう	3 きんこつ
4 ひんけつ	5 ひまんけいこう	6 せきちゅう
7 きょうかく	8 らがんしりょく	9 きょうせいしりょく
10 がんしっかん	11 がいがんぶしっかん	12 がんい

107

コラム④ 手紙の書き方

教育実習先へのお礼の手紙を読み、**1～3に入る正しい言葉**を入れなさい。また、**4、5の間違い**を指摘しなさい。

> 1 前略
>
> 2 薫風の候、皆様には益々ご健勝のこととお慶び申し上げます。
> この度は、貴校で教育実習をさせていただきまして、ありがとうございました。校長先生、教頭先生、実習担当の先生方には大変お世話になりました。無事に終了させていただきましたこと、感謝申し上げます。
>
> 　　　　中略
>
> それでは貴校のますますのご発展をお祈り申し上げます。
>
> 3 早々
>
> 4 平成28年10月20日
>
> ○○大学文学部
> 土屋　太郎
>
> 東京都○○区立○○小学校
> 5 ※※校長先生　様

解答

1 前略 ➡ 拝啓
目上の人宛ての手紙には、「拝啓」を使う。

2 薫風 ➡ 仲秋、清秋、秋冷など
時候のあいさつは、季節に合わせる。「薫風」は5月だが、この手紙の差出日は10月。10月に合う言葉を選ぶ。

3 早々 ➡ 敬具
結語は頭語に対応したものを入れる。「拝啓」に対応する結語は、「敬具」。普段使いの手紙やはがきの書き方として一般化しているのは、「前略～草々」。前略の結語「早々」は誤り。

4 平成二十八年十月二十日
縦書きの場合、数字は漢数字で書いたほうがよい。

5 様を取る
「先生」は敬称なので、「様」を付けない。または、「※※小学校校長　○○様」とする。

5日目

教育に関する法律の漢字

[教職教養レベル]

教育基本法

教員必須の法律の漢字

読み

下線部の漢字の読みを書きなさい。

教育基本法第16条　教育行政より抜粋

　教育は、☐1 **不当**な支配に☐2 **服する**ことなく、この法律及び他の法律の定めるところにより行われるべきものであり、教育行政は、国と地方公共団体との適切な☐3 **役割分担**及び相互の協力の下、公正かつ適正に行われなければならない。

2　国は、全国的な教育の☐4 **機会均等**と☐5 **教育水準**の☐6 **維持向上**を図るため、教育に関する☐7 **施策**を総合的に☐8 **策定**し、実施しなければならない。

4　国及び地方公共団体は、教育が☐9 **円滑**かつ☐10 **継続的**に実施されるよう、必要な財政上の☐11 **措置**を☐12 **講じ**なければならない。

解答

1 ふとう	2 ふくする	3 やくわりぶんたん
4 きかいきんとう	5 きょういくすいじゅん	6 いじこうじょう
7 しさく	8 さくてい	9 えんかつ
10 けいぞくてき	11 そち	12 こうじ

目標時間	合格点	レベルチェック！
5分	21点	21問以上　合格間違いなし！ 18〜20問　ボーダーライン 7〜17問　全問解き直し！ 6問以下　合格にはほど遠い…

5日目

教員必須の法律の漢字　教育基本法

下線部の漢字の読みを書きなさい。

教育基本法第9条　教員より抜粋

　法律に定める学校の教員は、自己の☐1 **崇高**な☐2 **使命**を深く自覚し、☐3 **絶えず**研究と☐4 **修養**に☐5 **励み**、その☐6 **職責**の☐7 **遂行**に努めなければならない。

2　☐8 **前項**の教員については、その使命と**職責**の重要性にかんがみ、その身分は尊重され、☐9 **待遇**の☐10 **適正**が期せられるとともに、☐11 **養成**と研修の☐12 **充実**が図られなければならない。

解答

1 すうこう	2 しめい	3 たえず
4 しゅうよう	5 はげみ	6 しょくせき
7 すいこう	8 ぜんこう	9 たいぐう
10 てきせい	11 ようせい	12 じゅうじつ

教員必須の法律の漢字
学校教育法・地方公務員法

下線部のひらがなを漢字で書きなさい。

学校教育法第37条　小学校より抜粋

小学校には、校長、教頭、教諭、☐1 **ようご**教諭及び事務職員を置かなければならない。

小学校には、前項に規定するもののほか、副校長、☐2 **しゅかん**教諭、指導教諭、☐3 **えいよう**教諭その他必要な職員を置くことができる。

校長は☐4 **こうむ**をつかさどり、所属職員を☐5 **かんとく**する。

地方公務員法第35条　職務に専念する義務より抜粋

職員は、法律又は☐6 **じょうれい**に特別の☐7 **さだめ**がある場合を除く☐8 **ほか**、その勤務時間及び☐9 **しょくむ**上の注意力のすべてをその☐10 **しょくせきすいこう**のために用い、当該地方公共団体がなすべき☐11 **せき**を有する**しょくむ**にのみ☐12 **じゅうじ**しなければならない。

解答

1 養護	2 主幹	3 栄養	4 校務
5 監督	6 条例	7 定	8 外
9 職務	10 職責遂行	11 責	12 従事

目標時間	合格点
10分	18点

レベルチェック！
- 18問以上　合格間違いなし！
- 13〜17問　ボーダーライン
- 2〜12問　全問解き直し！
- 1問以下　合格にはほど遠い…

5日目

教員必須の法律の漢字　学校教育法・地方公務員法

下線部のひらがなを漢字で書きなさい。

学校教育法第9条　校長・教員の欠格事由より抜粋

次のいずれかに該当する者は、校長又は教員となることができない。

- ☐1 **せいねんひこうけんにん**又は ☐2 **ひほさにん**
- ☐3 **きんこ**以上の ☐4 **けい**に処せられた者
- ☐5 **めんきょじょう**がその ☐6 **こうりょく**を失い、当該 ☐7 **しっこう**の日から三年を経過しない者
- **めんきょじょう**取上げの処分を受け、三年を経過しない者
- 日本国憲法 ☐8 **しこう**の日以後において、日本国憲法又はその下に成立した政府を ☐9 **ぼうりょく**で ☐10 **はかい**することを主張する ☐11 **せいとう**その他の団体を ☐12 **けっせい**し、又はこれに加入した者

解答

1	成年被後見人	2	被保佐人	3	禁錮	4	刑
5	免許状	6	効力	7	失効	8	施行
9	暴力	10	破壊	11	政党	12	結成

教員必須の法律の漢字
教育公務員特例法など

下線部のひらがなを漢字で書きなさい。
（一部送り仮名をつけるものがあります）

教育公務員特例法第21条、22条　研修より抜粋

　教育公務員は、その□1 **しょくせき**を遂行するために、絶えず研究と□2 **しゅうよう**に□3 **つとめ**なければならない。

　教育公務員の□4 **にんめいけんじゃ**は、教育公務員の研修について、それに要する□5 **しせつ**、研修を□6 **しょうれい**するための□7 **ほうと**その他研修に関する計画を□8 **じゅりつ**し、その実施に**つとめ**なければならない。

　教員は、授業に□9 **ししょう**のない限り、□10 **ほんぞくちょう**の□11 **しょうにん**を受けて、勤務場所を離れて研修を行うことができる。
　教育公務員は、**にんめいけんじゃ**の定めるところにより、□12 **げんしょく**のままで、長期にわたる研修を受けることができる。

解答

1 職責	2 修養	3 努め	4 任命権者
5 施設	6 奨励	7 方途	8 樹立
9 支障	10 本属長	11 承認	12 現職

目標時間 **10分** / 合格点 **18点**

レベルチェック！
- 18問以上 合格間違いなし！
- 13〜17問 ボーダーライン
- 2〜12問 全問解き直し！
- 1問以下 合格にはほど遠い…

5日目

教員必須の法律の漢字 **教育公務員特例法など**

下線部の**ひらがな**を**漢字**で書きなさい。
（一部送り仮名をつけるものがあります）

教育基本法前文より抜粋

我々日本国民は、たゆまぬ努力によって □1 **きずいて**きた民主的で文化的な国家を □2 **さらに**発展させるとともに、世界の平和と人類の □3 **ふくし**の向上に □4 **こうけん**することを願うものである。

我々は、この理想を実現するため、個人の □5 **そんげん**を重んじ、真理と正義を □6 **ききゅう**し、公共の精神を □7 **たっとび**、豊かな人間性と創造性を備えた人間の育成を □8 **きする**とともに、伝統を □9 **けいしょう**し、新しい文化の創造を目指す教育を □10 **すいしん**する。

ここに、我々は、日本国憲法の精神にのっとり、我が国の未来を切り拓く教育の基本を確立し、その □11 **しんこう**を □12 **はかる**ため、この法律を制定する。

解答

1 築いて	2 更に	3 福祉	4 貢献
5 尊厳	6 希求	7 尊び	8 期する
9 継承	10 推進	11 振興	12 図る

115

教員必須の法律の漢字
教育基本法・学校教育法

下線部のひらがなを漢字で書きなさい。
（一部送り仮名をつけるものがあります）

教育基本法第2条　教育の目標より抜粋

　教育は、その目的を実現するため、学問の自由を □1 **そんちょう**しつつ、次に掲げる目標を □2 **たっせい**するよう行われるものとする。

一　幅広い知識と教養を身に付け、□3 **しんり**を求める態度を養い、豊かな □4 **じょうそう**と □5 **どうとくしん**を培うとともに、□6 **すこやか**な身体を養うこと。

二　個人の価値を**そんちょう**して、その能力を伸ばし、創造性を培い、自主及び**じりつ**の精神を養うとともに、職業及び生活との関連を □7 **じゅうし**し、□8 **きんろう**を重んずる態度を養うこと。

三　正義と責任、男女の平等、□9 **じた**の □10 **けいあい**と協力を重んずるとともに、公共の精神に基づき、主体的に社会の形成に □11 **さんかく**し、その発展に □12 **きよ**する態度を養うこと。

解答

1 尊重	2 達成	3 真理	4 情操
5 道徳心	6 健やか	7 重視	8 勤労
9 自他	10 敬愛	11 参画	12 寄与

5日目

教員必須の法律の漢字　教育基本法・学校教育法

目標時間 10分　**合格点** 18点

レベルチェック！
- 18問以上　合格間違いなし！
- 13～17問　ボーダーライン
- 2～12問　全問解き直し！
- 1問以下　合格にはほど遠い…

下線部のひらがなを漢字で書きなさい。
（一部送り仮名をつけるものがあります）

教育基本法第11条　幼児期の教育より抜粋

幼児期の教育は、☐1 **しょうがい**にわたる ☐2 **じんかくけいせい**の基礎を培う重要なものであることにかんがみ、国及び地方公共団体は、幼児の**すこやか**な成長に ☐3 **しする** ☐4 **りょうこう**な環境の ☐5 **せいび**その他適当な方法によって、その振興に努めなければならない。

学校教育法第21条　普通教育の目標より抜粋

学校 ☐6 **ないがい**における社会的活動を ☐7 **そくしん**し、自主、☐8 **じりつ**及び ☐9 **きょうどう**の精神、☐10 **きはんいしき**、☐11 **こうせい**な ☐12 **はんだんりょく**並びに公共の精神に基づき主体的に社会の形成に**さんかく**し、その発展に**きよ**する態度を養うこと。

解答

1 生涯	2 人格形成	3 資する	4 良好
5 整備	6 内外	7 促進	8 自律
9 協同	10 規範意識	11 公正	12 判断力

教員必須の法律の漢字
地方公務員法①

下線部のひらがなを漢字で書きなさい。
（一部送り仮名をつけるものがあります）

地方公務員法第30〜33条より抜粋

第30条 【1 **ふくむ**の 2 **こんぽんきじゅん**】 すべて職員は、全体の 3 **ほうししゃ**として公共の利益のために勤務し、且つ、職務の 4 **すいこう**に当つては、全力を 5 **あげて**これに 6 **せんねん**しなければならない。

第31条 【**ふくむ**の 7 **せんせい**】職員は、条例の定めるところにより、**ふくむ**の**せんせい**をしなければならない。

第32条 【8 **ほうれい**等及び上司の職務上の命令に従う義務】 職員は、その職務を**すいこう**するに当つて、**ほうれい**、条例、地方公共団体の規則及び地方公共団体の機関の定める 9 **きてい**に従い、且つ、上司の職務上の命令に 10 **ちゅうじつ**に従わなければならない。

第33条 【11 **しんようしっついこうい**の禁止】 職員は、その職の信用を傷つけ、又は職員の職全体の 12 **ふめいよ**となるような行為をしてはならない。

解答

1 服務	2 根本基準	3 奉仕者	4 遂行
5 挙げて	6 専念	7 宣誓	8 法令
9 規程	10 忠実	11 信用失墜行為	12 不名誉

教員必須の法律の漢字　地方公務員法①

5日目

目標時間 **10分**　合格点 **18点**

レベルチェック！
- 18問以上　合格間違いなし！
- 13〜17問　ボーダーライン
- 2〜12問　全問解き直し！
- 1問以下　合格にはほど遠い…

下線部のひらがなを漢字で書きなさい。
（一部送り仮名をつけるものがあります）

地方公務員法34条　☐1 **ひみつ**を守る義務より抜粋

職員は、職務上知り得た**ひみつ**を ☐2 **もらして**はならない。その職を ☐3 **しりぞいた**後も、また、☐4 **どうよう**とする。

2　**ほうれい**による ☐5 **しょうにん**、☐6 **かんていにん**等となり、職務上の**ひみつ**に ☐7 **ぞくする**事項を発表する場合においては、任命権者（☐8 **たいしょくしゃ**については、その**たいしょく**した職又はこれに相当する職に係る任命権者）の許可を受けなければならない。（職務上の**ひみつ**とは、職員の職務上の ☐9 **しょかん**に**ぞくするひみつ**を指す。）

3　☐10 **ぜんこう**の許可は、法律に特別の ☐11 **さだめ**がある場合を除く外、☐12 **こばむ**ことができない。

解答

1	秘密	2	漏らして	3	退いた	4	同様
5	証人	6	鑑定人	7	属する	8	退職者
9	所管	10	前項	11	定め	12	拒む

119

読み 教員必須の法律の漢字
地方公務員法②

下線部の漢字の読みを書きなさい。

地方公務員法36条　政治的行為の制限などより抜粋

　職員は、政党その他の政治的団体の☐1 <u>結成</u>に☐2 <u>関与</u>し、☐3 <u>若しくは</u>これらの団体の役員となつてはならず、又はこれらの団体の☐4 <u>構成員</u>となるように、若しくはならないように☐5 <u>勧誘運動</u>をしてはならない。

　何人も、教育を利用し、特定の政党その他の政治的団体（以下「特定の政党等」という。）の政治的勢力の☐6 <u>伸長</u>又は☐7 <u>減退</u>に☐8 <u>資する</u>目的をもつて、学校教育法に☐9 <u>規定</u>する学校の職員を主たる構成員とする団体の組織又は活動を利用し、義務教育諸学校に勤務する教育職員に対し、これらの者が、義務教育諸学校の児童又は生徒に対して、特定の政党等を☐10 <u>支持</u>させ、又はこれに反対させる教育を行うことを☐11 <u>教唆</u>し、又は☐12 <u>煽動</u>してはならない。

　　　（義務教育諸学校における教育の政治的中立の確保に関する臨時措置法第3条）

解答

1 けっせい	2 かんよ	3 もしくは
4 こうせいいん	5 かんゆううんどう	6 しんちょう
7 げんたい	8 しする	9 きてい
10 しじ	11 きょうさ	12 せんどう

目標時間	合格点
5分	21点

レベルチェック！
- 21問以上　合格間違いなし！
- 18〜20問　ボーダーライン
- 7〜17問　全問解き直し！
- 6問以下　合格にはほど遠い…

5日目

教員必須の法律の漢字　**地方公務員法②**

下線部の漢字の読みを書きなさい。

地方公務員法37条　争議行為等の禁止より抜粋

　職員は、地方公共団体の機関が代表する使用者としての住民に対して □1 <u>同盟罷業</u>、□2 <u>怠業</u>その他の □3 <u>争議行為</u>をし、又は地方公共団体の機関の □4 <u>活動能率</u>を低下させる怠業的行為をしてはならない。又、何人も、このような □5 <u>違法</u>な行為を □6 <u>企て</u>、又はその遂行を □7 <u>共謀</u>し、そそのかし、若しくはあおつてはならない。

2　職員で前項の規定に □8 <u>違反</u>する行為をしたものは、その行為の開始とともに、地方公共団体に対し、法令又は条例、地方公共団体の規則若しくは地方公共団体の機関の定める規程に □9 <u>基いて</u> □10 <u>保有</u>する任命上又は □11 <u>雇用上</u>の権利をもつて □12 <u>対抗</u>することができなくなるものとする。

解答

1 どうめいひぎょう	2 たいぎょう	3 そうぎこうい
4 かつどうのうりつ	5 いほう	6 くわだて
7 きょうぼう	8 いはん	9 もとづいて
10 ほゆう	11 こようじょう	12 たいこう

121

教員必須の法律の漢字
労働基準法/著作権法

下線部のひらがなを漢字で書きなさい。
（一部送り仮名をつけるものがあります）

労働基準法第56，57条　労働の最低年齢などより抜粋

別表第一第一号から第五号までに　1 **かかげる**事業以外の事業に　2 **かかる**職業で、児童の健康及び福祉に　3 **ゆうがい**でなく、かつ、その労働が　4 **けいい**なものについては、　5 **ぎょうせいかんちょう**の許可を受けて、満十三歳以上の児童をその者の　6 **しゅうがくじかんがい**に使用することができる。　7 **えいが**の製作又は　8 **えんげき**の事業については、満十三歳に満たない児童についても、同様とする。

使用者は、満十八才に満たない者について、その年齢を証明する　9 **こせきしょうめいしょ**を　10 **じぎょうじょう**に備え付けなければならない。

使用者は、前条第二項の規定によつて使用する児童については、**しゅうがくに**　11 **さしつかえ**ないことを証明する学校長の証明書及び　12 **しんけんしゃ**又は後見人の同意書を**じぎょうじょう**に備え付けなければならない。

解答

1 掲げる	2 係る	3 有害	4 軽易
5 行政官庁	6 修学時間外	7 映画	8 演劇
9 戸籍証明書	10 事業場	11 差し支え	12 親権者

5日目 教員必須の法律の漢字 労働基準法／著作権法

目標時間 10分　**合格点 18点**

レベルチェック！
- 18問以上　合格間違いなし！
- 13〜17問　ボーダーライン
- 2〜12問　全問解き直し！
- 1問以下　合格にはほど遠い…

下線部のひらがなを漢字で書きなさい。

著作権法第1条，38条より抜粋

　この法律は、著作物並びに 1 **じつえん**、レコード、放送及び 2 **ゆうせんほうそう**に関し著作者の権利及びこれに 3 **りんせつ**する権利を定め、これらの 4 **ぶんかてきしょさん**の公正な利用に 5 **りゅうい**しつつ、著作者等の権利の保護を図り、もつて文化の発展に寄与することを目的とする。

　公表された著作物は、 6 **えいり**を目的とせず、かつ、 7 **ちょうしゅう**又は観衆から料金（いずれの名義をもつてするかを問わず、著作物の提供又は 8 **ていじ**につき受ける 9 **たいか**をいう。以下この条において同じ。）を受けない場合には、公に上演し、 10 **えんそう**し、上映し、又は 11 **こうじゅつ**することができる。ただし、当該上演、**えんそう**、上映又は**こうじゅつ**について**じつえん**家又は**こうじゅつ**を行う者に対し 12 **ほうしゅう**が支払われる場合は、この限りでない。

解答

1 実演	2 有線放送	3 隣接	4 文化的所産
5 留意	6 営利	7 聴衆	8 提示
9 対価	10 演奏	11 口述	12 報酬

123

読み 教員採用試験に出る 重要用語集

次の**漢字の読み**を答えなさい。正解したら□にチェックを入れて、すべてチェックが入るまで繰り返し解いてください。

あ行

- ☐ 安全欲求　　　　　　あんぜんよっきゅう
- ☐ 逸脱行動　　　　　　いつだつこうどう
- ☐ 異年齢集団　　　　　いねんれいしゅうだん
- ☐ 意味記憶　　　　　　いみきおく
- ☐ 栄養教諭　　　　　　えいようきょうゆ
- ☐ 遠隔教育　　　　　　えんかくきょういく
- ☐ 往来物　　　　　　　おうらいもの
- ☐ 被仰出書　　　　　　おおせいだされしょ
- ☐ 恩物　　　　　　　　おんぶつ

か行

- ☐ 外向性　　　　　　　がいこうせい
- ☐ 外傷後ストレス障害　がいしょうご（すとれす）しょうがい
- ☐ 階層社会　　　　　　かいそうしゃかい
- ☐ 核家族化　　　　　　かくかぞくか
- ☐ 学芸員　　　　　　　がくげいいん
- ☐ 学社融合　　　　　　がくしゃゆうごう
- ☐ 学習指導要領　　　　がくしゅうしどうようりょう
- ☐ 学習障害　　　　　　がくしゅうしょうがい
- ☐ 学習性無力感　　　　がくしゅうせいむりょくかん
- ☐ 学制　　　　　　　　がくせい
- ☐ 学童疎開　　　　　　がくどうそかい
- ☐ 学童保育　　　　　　がくどうほいく
- ☐ 学齢簿　　　　　　　がくれいぼ
- ☐ 学級崩壊　　　　　　がっきゅうほうかい
- ☐ 学校備付表簿　　　　がっこうそなえつけひょうぼ
- ☐ 学校統廃合　　　　　がっこうとうはいごう
- ☐ 学校保健安全法　　　がっこうほけんあんぜんほう

☐	学校要覧	がっこうようらん
☐	葛藤	かっとう
☐	環境閾値説	かんきょういきちせつ
☐	緘黙	かんもく
☐	机間指導	きかんしどう
☐	儀式的行事	ぎしきてきぎょうじ
☐	基準性	きじゅんせい
☐	吃音	きつおん
☐	吸収合併方式	きゅうしゅうがっぺいほうしき
☐	教育振興基本計画	きょういくしんこうきほんけいかく
☐	教育勅語	きょういくちょくご
☐	教育扶助	きょういくふじょ
☐	境界線児	きょうかいせんじ
☐	教学聖旨	きょうがくせいし
☐	共感的理解	きょうかんてきりかい
☐	矯正教育	きょうせいきょういく
☐	拠点校指導教員	きょてんこうしどうきょういん
☐	区域外就学	くいきがいしゅうがく
☐	訓戒	くんかい
☐	欠格事由	けっかくじゆう
☐	原級留置	げんきゅうりゅうち
☐	言語活動	げんごかつどう
☐	合科授業	ごうかじゅぎょう
☐	広汎性発達障害	こうはんせいはったつしょうがい
☐	校務分掌	こうむぶんしょう

さ行

☐	試案	しあん
☐	司書教諭	ししょきょうゆ
☐	実業教育	じつぎょうきょういく
☐	疾風怒濤	しっぷうどとう
☐	児童虐待	じどうぎゃくたい
☐	師範学校	しはんがっこう
☐	自閉症	じへいしょう
☐	諮問	しもん
☐	弱視	じゃくし
☐	若年者雇用対策	じゃくねんしゃこようたいさく

- ☑ 就学援助　　　しゅうがくえんじょ
- ☑ 修学旅行　　　しゅうがくりょこう
- ☑ 就業体験　　　しゅうぎょうたいけん
- ☑ 充実　　　　　じゅうじつ
- ☑ 習熟度別学級編成　しゅうじゅくどべつがっきゅうへんせい
- ☑ 修身教育　　　しゅうしんきょういく
- ☑ 受益者負担　　じゅえきしゃふたん
- ☑ 主幹教諭　　　しゅかんきょうゆ
- ☑ 準拠集団　　　じゅんきょしゅうだん
- ☑ 昇華　　　　　しょうか
- ☑ 奨学金　　　　しょうがくきん
- ☑ 小中一貫教育　しょうちゅういっかんきょういく
- ☑ 情緒障害　　　じょうちょしょうがい
- ☑ 少年鑑別所　　しょうねんかんべつしょ
- ☑ 触法少年　　　しょくほうしょうねん
- ☑ 職務命令　　　しょくむめいれい
- ☑ 人権教育　　　じんけんきょういく
- ☑ 審判不開始　　しんぱんふかいし
- ☑ 信用失墜行為　しんようしっついこうい
- ☑ 生活綴方運動　せいかつつづりかたうんどう
- ☑ 絶対評価　　　ぜったいひょうか
- ☑ 窃盗犯　　　　せっとうはん
- ☑ 選択学習　　　せんたくがくしゅう
- ☑ 躁鬱病　　　　そううつびょう
- ☑ 痩身傾向児　　そうしんけいこうじ
- ☑ 尊厳　　　　　そんげん

た行

- ☑ 対等合併方式　たいとうがっぺいほうしき
- ☑ 第二次性徴　　だいにじせいちょう
- ☑ 体罰　　　　　たいばつ
- ☑ 注意欠陥多動性障害　ちゅういけっかんたどうせいしょうがい
- ☑ 抽出調査　　　ちゅうしゅつちょうさ
- ☑ 懲戒　　　　　ちょうかい
- ☑ 適塾　　　　　てきじゅく
- ☑ 統合教育　　　とうごうきょういく
- ☑ 同和教育　　　どうわきょういく

な行

- [ ] 内向性　　　　　　ないこうせい
- [ ] 難聴　　　　　　　なんちょう
- [ ] 認知説　　　　　　にんちせつ

は行

- [ ] 被験体　　　　　　ひけんたい
- [ ] 被差別部落　　　　ひさべつぶらく
- [ ] 避止義務　　　　　ひしぎむ
- [ ] 貧困　　　　　　　ひんこん
- [ ] 服務　　　　　　　ふくむ
- [ ] 分団式動的教育　　ぶんだんしきどうてききょういく
- [ ] 負の転移　　　　　ふ（の）てんい
- [ ] 併設　　　　　　　へいせつ
- [ ] 偏差値　　　　　　へんさち
- [ ] 防衛機制　　　　　ぼうえいきせい
- [ ] 奉仕活動　　　　　ほうしかつどう
- [ ] 法的拘束力　　　　ほうてきこうそくりょく
- [ ] 保持曲線　　　　　ほじきょくせん
- [ ] 補充的　　　　　　ほじゅうてき

ま行

- [ ] 免許状更新講習　　めんきょじょうこうしんこうしゅう
- [ ] 免除　　　　　　　めんじょ
- [ ] 免職　　　　　　　めんしょく
- [ ] 模倣　　　　　　　もほう

や行

- [ ] 遊戯療法　　　　　ゆうぎりょうほう
- [ ] 猶予　　　　　　　ゆうよ
- [ ] 養護教諭　　　　　ようごきょうゆ
- [ ] 要保護児童　　　　ようほごじどう
- [ ] 余暇指導　　　　　よかしどう
- [ ] 欲求階層説　　　　よっきゅうかいそうせつ

ら行

- [ ] 留学　　　　　　　りゅうがく
- [ ] 臨床心理士　　　　りんしょうしんりし
- [ ] 隣接区域選択制　　りんせつくいきせんたくせい

重要

教員採用試験に出る　**重要用語集**

● 監修

鈴木　俊士（スズキ　シュンジ）
シグマ・ライセンス・スクール浜松校長

大学を卒業後、西武百貨店に就職。その後は地元浜松にて公務員受験専門の予備校「シグマ・ライセンス・スクール浜松」を開講。定員25名という少人数制の予備校ではあるものの、21年の間に延べ2000人以上を合格に導く。築き上げたノウハウと実績を基に、アプリやオーディオブックも手掛けており、シグマ生だけでなく、日本全国の公務員を目指す受験生のために精力的な活動を続けている。今回は開講以来21年間教鞭をとってきた国語の授業をフルに活用しての監修となる。

おもな著書に『1800人以上を合格に導いた講師が教える！消防官採用試験面接試験攻略法』『1800人以上を合格に導いた講師が教える！自衛官採用試験面接試験攻略法』『受験する前に知っておきたい警察官の専門常識・基礎知識』（いずれも監修、つちや書店）『合格率100％のカリスマ講師が教える公務員試験の勉強法』（中経出版）『9割受かる！公務員試験「作文・小論文」の勉強法』（KADOKAWA）などがある。

＜シグマ・ライセンス・スクール浜松ＨＰ＞
http://www.sigma-hamamatsu.com

本文デザイン・組版：宮嶋まさ代
イラスト：瀬川尚志
編集協力：パケット

教員採用試験によく出る
漢字・熟語5日間攻略問題集

監　　修	鈴木　俊士
発 行 者	櫻井　英一
発 行 所	株式会社 滋慶出版／つちや書店
	〒100-0014　東京都千代田区永田町2-4-11
	TEL 03-6205-7865　FAX 03-3593-2088
	E-mail　shop@tuchiyago.co.jp
印刷・製本	株式会社暁印刷

©Jikei Shuppan　Printed in Japan

落丁・乱丁は当社にてお取替えいたします。
許可なく転載、複製することを禁じます。
この本に関するお問合せは、書名・氏名・連絡先を明記のうえ、上記FAXまたはメールアドレスへお寄せください。なお、電話でのご質問はご遠慮くださいませ。またご質問内容につきましては「本書の正誤に関するお問合せのみ」とさせていただきます。あらかじめご了承ください。
http://tuchiyago.co.jp